La sobriété émotive

La prochaine frontière

LIVRES PUBLIÉS PAR AA GRAPEVINE, INC.

The Language of the Heart (& eBook)
The Best of the Grapevine Volume I (eBook only)
The Best of Bill (& eBook)
Thank You for Sharing
Spiritual Awakenings (& eBook)
I Am Responsible: The Hand of AA
The Home Group: Heartbeat of AA (& eBook)
Emotional Sobriety — The Next Frontier (& eBook)
Spiritual Awakenings II (& eBook)
In Our Own Words: Stories of Young AAs in Recovery (& eBook)
Beginners' Book (& eBook)
Voices of Long-Term Sobriety (& eBook)
A Rabbit Walks Into A Bar
Step by Step — Real AAs, Real Recovery (& eBook)
Emotional Sobriety II — The Next Frontier (& eBook)
Young & Sober (& eBook)
Into Action (& eBook)
Happy, Joyous & Free (& eBook)
One on One (& eBook)
No Matter What (& eBook)
Grapevine Daily Quote Book (& eBook)
Sober & Out (& eBook)
Forming True Partnerships (& eBook)
Our Twelve Traditions (& eBook)
Making Amends (& eBook)
Voices of Women in AA (& eBook)
AA in the Military (& eBook)
One Big Tent (& eBook)

EN ESPAGNOL
El lenguaje del corazón
Lo mejor de Bill (& eBook)
El grupo base: Corazón de AA
Lo mejor de La Viña
Felices, alegres y libres (& eBook)
Un día a la vez (& eBook)
Frente A Frente (& eBook)

EN FRANÇAIS
Le langage du coeur
Les meilleurs articles de Bill
Le Groupe d'attache : Le battement du coeur des AA
En tête à tête (& eBook)
Heureux, joyeux et libres (& eBook)

La sobriété émotive

La prochaine frontière

Histoires choisies de la revue
Grapevine

AAGRAPEVINE,Inc.
New York, New York
WWW.AAGRAPEVINE.ORG

Copyright © 2006 par The AA Grapevine, Inc.
475 Riverside Drive, New York, NY 10115
Tous droits réservés ©.
Ne peut être reproduit en tout ou en partie, sauf quelques courts extraits dans le but de
révision ou de commentaire, sans permission écrite de l'éditeur.

The Grapevine and AA Grapevine sont des marques déposées de The AA Grapevine, Inc.

AA et Alcooliques Anonymes sont des marques déposées de AA World Services, Inc.
Les Étapes : Copyright © AA World Services, Inc.; reproduites avec permission.

ISBN 978-1-938642-05-0

Imprimé au Canada
Première édition 2019

Préambule des AA

Les Alcooliques Anonymes sont une association d'hommes et de
femmes qui partagent entre eux leur expérience, leur force et leur
espoir dans le but de résoudre leur problème commun et d'aider
d'autres alcooliques à se rétablir.

Le désir d'arrêter de boire est la seule condition pour devenir
membre des AA. Les AA ne demandent ni cotisation ni
droit d'entrée ; nous nous finançons par nos propres contributions.
Les AA ne sont associés à aucune secte, confession religieuse
ou politique, à aucun organisme ou établissement ; ils ne désirent
s'engager dans aucune controverse ; ils n'endossent ni
ne contestent aucune cause.

Notre but premier est de demeurer abstinents et d'aider d'autres
alcooliques à le devenir.

Table Des Matières

Préface

EN 1958, LE GRAPEVINE A PUBLIÉ un article de Bill W., cofondateur des AA, au sujet des défis continus auxquels il a dû faire face au cours de son rétablissement, longtemps après avoir cessé de boire. Intitulé « La prochaine frontière : la sobriété émotive », l'article décrit le point de vue de Bill selon lequel sa lutte contre la dépression était due à une dépendance excessive à l'égard d'autres personnes et envers des circonstances extérieures. Bill explique comment il a trouvé la paix de l'esprit en lâchant ses attentes et en pratiquant ce qu'il appelle « l'amour altruiste » un amour moins préoccupé par ce que l'on obtient et plus par ce que l'on donne. C'était, comme il l'a énoncé, la prière de saint François en action.

Pour certains, la prochaine frontière dans le rétablissement de l'alcoolisme peut être de laisser tomber les dépendances irréalistes et fautives. Pour d'autres, il s'agit d'éclairer les défauts de caractère persistants, ou de faire face au malaise du « Et maintenant ? » qui peuvent affliger les membres d'expérience. Les histoires de ce livre montrent que lorsque nous avons la volonté de trouver des solutions plutôt que de rester bloqués dans les problèmes, nous pouvons laisser tomber la peur, l'égoïsme et le ressentiment, mettre de côté les exigences égoïstes, pratiquer l'amour altruiste, et nous connecter davantage à notre Puissance supérieure et à nos amis, notre famille et nos compagnons.

Ce livre n'est en rien une définition finale de la sobriété émotive. L'idée de grandir dans la sobriété est différente pour chacun de nous, et peut évoluer avec le temps. Mais une chose semble vraie : les récompenses dans la quête de la sobriété émotive sont la sérénité, l'équilibre émotionnel et une joie de vivre accrue.

—Les Éditeurs

La prochaine frontière :
la sobriété émotive

Janvier 1958

JE PENSE QUE BEAUCOUP de vieux membres qui ont essayé, non sans difficulté mais avec succès, notre « traitement contre la boisson », constatent qu'ils manquent encore souvent de sobriété émotive. Peut-être seront-ils les précurseurs d'un nouveau projet chez les AA : l'acquisition d'une grande maturité et d'un réel équilibre (c'est-à-dire l'humilité) dans nos relations avec nous-mêmes, avec les autres, et avec Dieu.

Comme des d'adolescents, beaucoup d'entre nous recherchent l'approbation de tous, la sécurité totale, et l'amour parfait. Des désirs tout à fait appropriés à l'âge de 17 ans, s'avèrent être un mode de vie impossible quand nous sommes à l'âge de 47 ou 57 ans.

Depuis les débuts des AA, j'ai pris de sévères raclées dans tous ces domaines à cause de mon incapacité à grandir, émotivement et spirituellement. Mon Dieu ! comme il est pénible de toujours demander l'impossible, et comme c'est pénible aussi de s'apercevoir que pendant tout ce temps-là, nous avons toujours mis la charrue avant les bœufs ! Et quelle détresse quand, même après avoir admis s'être terriblement trompé, on se rend compte qu'on est incapable de sortir de ce tourbillon émotif.

Comment transformer cette conviction mentale en une saine attitude émotive menant à une vie simple, heureuse et agréable ? Eh bien, ce n'est pas seulement un problème de névrose. C'est le problème de la vie elle-même pour tous ceux d'entre nous qui sont désormais prêts à se conformer à des principes sains dans tous les domaines de leur vie.

Même dans ce cas, la paix et la joie peuvent encore nous échapper. Voilà le point où se retrouvent maintenant beaucoup de vieux membres, et c'est littéralement infernal. Comment dompter notre inconscient, qui engendre encore tellement de peurs, de compulsions et d'aspirations insensées, afin qu'il se conforme à ce que nous croyons, à ce que nous pensons et à ce que nous voulons réellement ? Persuader le « Mr Hyde », stupide et déchaîné, qui se cache en nous est notre tâche principale.

J'en suis venu récemment à croire que c'est possible. Je le crois parce que je commence à voir beaucoup de gens, comme vous et moi, qui étaient plongés dans les ténèbres, et qui commencent enfin à voir la lumière. L'automne dernier, une dépression, qui n'avait aucune cause rationnelle, a presque eu ma peau. J'avais peur de plonger une nouvelle fois dans une longue période chronique. Étant donné les ennuis que m'ont causés les dépressions par le passé, je n'étais pas rassuré à cette idée.

Je me demandais sans cesse : « Pourquoi les Douze Étapes échouent-elles à me délivrer de la dépression ? » Je regardais sans cesse la prière de saint François... « Chercher à consoler, plutôt qu'à être consolé. » C'était bien la formule, mais pourquoi ne fonctionnait-elle pas ?

Soudain, j'ai compris ce qui n'allait pas. Mon principal défaut a toujours été la dépendance. Je comptais de façon presque absolue sur les gens et les circonstances pour m'apporter le prestige, la sécurité et tout le reste. Ne parvenant pas à satisfaire ces besoins selon mes rêves et mes désirs perfectionnistes, je m'acharnais. Face à la défaite, la dépression s'installait.

Il me serait impossible de faire de cet amour altruiste dont parle saint François un mode de vie réel et joyeux, tant que je ne me serais pas débarrassé de mes dépendances fatales, presque absolues.

Après quelques années de maturation spirituelle, l'aspect absolu de mes terribles dépendances m'apparu plus clairement que jamais. Soutenu par la grâce que je pouvais trouver dans la prière, il me fallait user de toute ma volonté et de toute ma capacité d'action pour me débarrasser de ces mauvaises dépendances émotives envers les gens, envers le Mouvement, envers n'importe quel genre de circonstances. Ce n'était qu'ainsi que je serais libre d'aimer comme saint François. Je vis que les satisfactions émotives et instinctives découlaient de l'amour senti, offert et exprimé d'une façon appropriée au sein de chaque relation humaine.

De toute évidence, je ne pourrais pas profiter de l'amour de Dieu tant que je ne serais pas capable de le Lui rendre en aimant les autres de la façon dont Il me le demandait. Et il me serait impossible d'y arriver tant que je serais victime de mes fausses dépendances.

Car ma dépendance signifiait exigence ; j'exigeais la possession et le contrôle des gens et des circonstances qui m'entouraient.

Vous trouverez peut-être un peu bête l'expression « dépendance absolue », pourtant c'est elle qui a entraîné ma libération et m'a procuré la stabilité et la tranquillité d'esprit que je connais aujourd'hui. Ce bien-être, j'essaie maintenant de le consolider en offrant de l'amour aux autres, sans en exiger en retour.

Voici donc le cycle primordial de la guérison : d'abord, un amour altruiste pour ce que Dieu a créé et pour ses créatures, ce qui nous permet de recevoir en retour son amour. Il est bien évident que ce courant ne peut circuler que si nos dépendances paralysantes ont été détruites en profondeur. Ce n'est qu'à ce moment que nous pouvons percevoir ce qu'est vraiment l'amour adulte.

« Ce sont là des mathématiques spirituels. » direz-vous peut-être. Mais pas du tout. Observez comment un membre qui a six mois d'abstinence s'y prend avec un nouveau cas de Douzième Étape. Si le nouveau lui dit : « Va au diable ! », notre membre de six mois se contente de sourire et se tourne vers un autre candidat. Il ne se sent ni frustré ni rejeté. Si le candidat suivant réagit bien et se met, à son tour, à dispenser amour et attention à d'autres alcooliques, tout en oubliant celui qui lui a transmis le message, son parrain se réjouit quand même. Il ne se sent pas rejeté, mais se réjouit au contraire de voir son ex-protégé abstinent et heureux. Puis, si son prochain candidat devient par la suite son meilleur ami (ou son amour), notre parrain est vraiment content. Pourtant, il sait que son bonheur n'est qu'un effet secondaire, un dividende de plus de l'amour donné sans rien attendre en retour.

Sa stabilité est venue de l'amour qu'il avait à offrir à cet alcoolique inconnu, sur le pas de sa porte. C'était saint François à l'œuvre, fort et efficace, sans dépendances, sans exigences.

Pendant mes six premiers mois d'abstinence, je me suis moi-même beaucoup dépensé auprès de nombreux alcooliques, sans qu'aucun ne réagisse. Pourtant, ce travail m'a permis de demeurer abstinent. La question n'était pas ce que ces alcooliques pouvaient me donner. Ce qui m'a stabilisé, c'est de chercher à donner plutôt qu'à recevoir.

À mon avis, c'est comme ça que fonctionne la sobriété émotive. Quand nous examinons toutes les choses qui nous dérangent, les grandes comme les petites, nous trouvons toujours à la racine une dépendance malsaine et les exigences tout aussi malsaines qui en découlent. Puissions-nous toujours, avec l'aide de Dieu, renoncer à ces exigences qui nous entravent. Nous pourrons ainsi vivre et aimer librement. Nous pourrons peut-être également transmettre, à nous-mêmes et à d'autres, le message de la sobriété émotive.

Bien sûr, cette idée n'est pas vraiment nouvelle. C'est seulement un truc qui m'aide à me délivrer en profondeur de certains « envoûtements » dont j'étais victime. Aujourd'hui, mon cerveau ne plonge plus dans les emportements, la folie des grandeurs ou la dépression. J'ai trouvé une place tranquille au soleil.

Bill W.

Une nouvelle Perspective

« Certains d'entre nous ont tenté de s'accrocher
à leurs vieilles idées, mais le résultat a été nul tant qu'ils ne
se sont pas complètement abandonnés. »
–Les Alcooliques anonymes, p. 65

Les vieux membres disent parfois : « Rester sobre, c'est simple : ne buvez pas et changez toute votre vie. » La volonté de laisser derrière nous nos vieilles façons de penser et nos comportements d'antan semble être au cœur de la sobriété émotive. Une fois abstinents, nous commençons à lâcher les ressentiments et les peurs, l'apitoiement sur nous-même et la colère. Nous essayons de remplacer les regrets sur le passé et les inquiétudes sur l'avenir par la foi dans les AA et les Douze Étapes et une Puissance supérieure à nous-mêmes. Autrefois, nous considérions les problèmes comme insurmontables ; maintenant, nous acceptons la responsabilité de trouver des solutions. Et nous constatons que, lentement, nous pouvons revendiquer des moments de paix réelle – « une place tranquille au soleil », comme le dit Bill W. dans l'essai qui a donné naissance à ce livre. Pour les alcooliques, c'est un véritable réveil spirituel.

Croissance
Juin 1976

UNE NOUVELLE PENSÉE a germé dans mon esprit (maintenant que le programme des AA l'a remis en état de marche). Je crois que l'élément le plus important pour construire notre vie sobre est dans ce que l'on choisit d'omettre et de laisser de côté.

Il y a plusieurs mois, mon mari et moi nous sommes inscrits à un cours d'art pour débutants. Nous ne sommes pas devenus de grands peintres, mais tous les deux nous voyons maintenant des choses, comme des feuilles et des brins d'herbe et des nuances de couleur, dont nous n'étions pas conscients avant. Un jour, l'instructeur nous a montré un dessin que Picasso avait fait de sa fille. C'était son profil, et il ne comportait que trois lignes. Ce qu'il avait omis venait donner tout son sens dramatique à l'oeuvre. Nous avons aussi appris qu'en ombrageant un arbre, ce qui n'est pas figuré est aussi important que les lignes de crayon, car les parties blanches créent la lumière du soleil sur les feuilles.

Il me semble que ma croissance s'opère lorsque j'omets certaines choses – quand je ne dis pas le mot blessant, quand je ne réponds pas avec sarcasme. Si je peux retarder ma réponse d'une seconde, peut-être deux, j'ai le temps de me demander : « Est-ce que je veux vraiment dire cela ? »

Lorsque j'ai dressé ma liste de personnes à qui faire amende honorable, elle était composée principalement de membres de ma famille. Je ne pensais pas seulement aux choses que j'avais faites. Je me suis aussi souvenue des nombreuses choses que j'aurais dû faire et que j'aurais pu faire si je n'avais pas bu ! Les choses que j'avais omises allaient des beaux bouquets que j'aurais pu donner jusqu'à la négligence pure et simple.

J'avais l'habitude de tout raconter ! À tous ceux qui voulaient bien écouter ! Les choses allaient être à ma façon ! « Ma volonté serait faite ! » Maintenant, il est de plus en plus facile de repérer mon ego, et je m'efforce de faire disparaître mon grand Moi.

J'ai découvert une nouvelle façon d'apprendre : me taire et être à l'écoute. Encore une fois, ce n'est pas tant ce que je fais que ce que je ne fais pas. Je ne parle pas. Je suis donc ouverte ; je peux apprendre.

J'aimais diriger les affaires de mes enfants, donner des conseils quand ce n'était pas désiré et exiger des activités et des comportements. Je suis plus sûre de moi aujourd'hui. J'ai jeté ma chaise de directrice. Maintenant, quand je vois l'un de mes enfants se diriger dans une certaine voie et que je m'interroge sur le résultat, je me tais et je mets en pratique la Troisième Étape. Chaque fois qu'il y a un problème et que je suis impliquée, je regarde quelle partie du problème je cause (comme l'une de mes marraines me l'a conseillé). Je suis habituellement environ 80% du problème – enfin, peut-être 60%, mais j'ai la majorité, vous pouvez parier là-dessus. Si je soustrais le plus grand pourcentage (moi), il n'y a presque pas de problème du tout !

Je deviens si sûre de moi dans les AA, que j'ai même abandonné ma façade mignonne et drôle que j'affichais devant mes amis civils. Je n'ai pas besoin de danser avec une rose entre les dents ; je peux juste danser. Et je n'ai pas besoin d'être la seule fille au pique-nique qui peut se balancer dans la rivière d'une corde à la Tarzan. Je peux nager calmement, comme la mère de quatre enfants de 40 ans que je suis.

Je n'ai plus besoin de montrer de longues jambes en mini jupe. Je peux juste m'asseoir dessus et être heureuse. Et je peux dire non à beaucoup de choses qui ne m'intéressent pas. Toutes les activités visant à plaire aux gens dans lesquelles j'avais l'habitude de m'impliquer, je peux les supprimer. Cela me donne le temps de faire les petites choses vraiment utiles et réconfortantes, juste parce qu'elles ont besoin d'être faites et que je m'en soucie vraiment. J'ai le temps de travailler à mon programme.

Je peux m'asseoir tranquillement et écouter les gens qui essaient de communiquer avec moi. Mon esprit n'est plus en train de courir pour trouver la blague parfaite à dire ou la meilleure histoire pour les surpasser.

Je peux aussi me passer de l'éternelle guerre interne. Le combat à l'intérieur de moi même est terminé, et j'en suis bien contente !

Et l'élément le plus important à laisser derrière moi, c'est le vieil ennemi familier, l'alcool. Sans lui, la vie est tout simplement merveilleuse !

Tricia J.
Houston, Texas

Dans tous les domaines de notre vie
Juillet 1956

LES MOTS PRENNENT une toute nouvelle signification lorsque nous entrons dans le nouveau monde qui s'ouvre à nous grâce à la sobriété chez les AA. Nous savons tous comment nos formules simples qui nous apparaissent d'abord comme des clichés, changent pour devenir une partie vitale de notre vie quotidienne. Par exemple, ce n'est qu'après un certain temps que nous saisissons l'utilité de « penser », lorsque nous acceptons enfin qu'elle nous échappait depuis longtemps. Le terme d'« humilité » est venu, avec un peu plus de sobriété, prendre sa place dans notre vie : une qualité d'acceptation de nos limites qu'il fallait rechercher avec dévotion. C'est le plus désirable de nos mots – l'humilité.

La « gratitude », cette sœur si méprisée, a aussi changé son visage et s'est transformée en une joyeuse appréciation de notre rétablissement miraculeux. Nous avons appris que, sans gratitude quotidienne, notre miracle personnel perdrait son lustre sans gratitude, notre monde nouveau et brillant virerait à l'ennuie où tout est tenu pour acquis, ce qui nous éloignerait inévitablement du Mouvement et nous conduirait inévitablement à notre ennemi le plus accueillant. Négliger la « gratitude » pourrait nous mener à la boisson.

« L'orgueil » par un revirement de syntaxe est devenu le mot le plus diabolique, peut-être le plus dangereux de tous. Pourtant, alors que l'orgueil non résolu peut nous mener rapidement à la bouteille, nous sommes extrêmement fiers de faire partie des AA.

« L'honnêteté » – J'ai entendu un ami AA dire lors d'une réunion qu'il avait entendu une définition de l'honnêteté donnée par un facteur rural lors d'une réunion dans un pays du Midwest. Ce vieux garçon en avait assez d'entendre ce mot sensible sans cesse utilisé et il s'était donc rendu au palais de justice du comté et l'avait regardé dans « ce vieux grand dictionnaire » qu'ils avaient là-bas. C'était assez bon pour lui, et c'est bon dans la vie de n'importe quel homme. « L'honnêteté – c'est l'absence de l'intention de tromper. » Mais qu'entend-on par « intention » ?

Maintenant je trouve que malgré ma toute nouvelle confiance dans la validité et l'importance de la sémantique, j'ai été retardé et étouffé par des vagues périodiques de doute et de désespoir à cause de mon aveuglement quant au sens du mot-clé de tout notre programme.

Il apparaît avec une parfaite justesse dans la Douzième Étape : « un réveil ».

Un placard caché dans mon esprit n'avait pas réussi à s'ouvrir. Pour moi, le réveil spirituel signifiait une conviction absolue et une relation étroite avec un Dieu que tout le monde semblait comprendre sauf moi. Je sentais, dans ce creux désordonné de mon cerveau, que, sans cette révélation de grâce spirituelle, je ne pouvais pas commencer à « transmettre le message » de manière adéquate et, ce qui est encore plus important, je n'arrivais pas à gérer « tous les domaines de ma vie ».

J'ai finalement cherché la définition du « réveil ». Cela signifie reprendre, remuer, se réveiller. Mon dictionnaire ne dit rien à propos d'une grande lumière blanche ou d'une aura de divinité.

Eh bien, maintenant je sais, sans plus d'histoires, que, comme tous les autres membres des AA, j'ai eu un réveil spirituel très tangible. Ma croyance en une Puissance supérieure est aussi forte que lorsque je suis allé à ma première réunion des AA et que j'ai accepté les première et deuxième Étapes aussi simplement et en toute confiance, comme un enfant accepte le lait de sa mère. Et le Mouvement des AA, avec sa procession sans fin de miracles, a approfondi et rendu tangible l'évidence du fonctionnement de cette Puissance supérieure. Alors, à quoi est-ce que je m'attendais ? Je l'ignore. Je suppose que je voulais une petite fée Clochette bien à moi pour me montrer le bon et le seul moyen de sortir de chaque situation.

Dans ma façon particulièrement alcoolique de créer des difficultés, j'ai découvert cette vérité sémantique de la manière la plus complexe que possible. Récemment, j'ai été confronté à un projet de travail qui n'aurait pas dû présenter de difficultés particulières, et pourtant. J'ai bloqué et bloqué encore et je n'arrivais pas à comprendre rationnellement pourquoi je procrastinais ; j'avais peur, je n'arrivais pas à m'en saisir. Je pensais avec ressentiment qu'au cours de cette année et demie dans les AA, les seuls départements de ma vie qui étaient devenus plus ou moins gérables étaient mes activités au sein des AA. Je n'avais aucun sentiment de culpabilité pour mon inadéquation en tant que secrétaire de mon groupe. J'avais respecté les échéances de Grapevine. J'avais souvent parlé à des réunions ouvertes ou fermées. J'avais fait tout ce qu'on me demandait ou qu'on exigeait de moi, sans aucune inquiétude quant à la perfection de mes performances.

Alors pourquoi avais-je tant de difficultés dans les autres domaines de ma vie ?

Soudainement, la solution, si simple, m'est venue. Je n'avais renoncé qu'à une chose : mon alcoolisme. J'avais accepté l'aide divine et temporelle dans tout ce qui avait à voir avec ma maladie avec une humilité totale, mais je n'avais jamais déployé cette merveilleuse liberté de l'orgueil, des ressentiments, de l'envie et du besoin de perfection et de compétition dans « tous les domaines de ma vie ».

C'est ainsi que j'ai réalisé ceci en ces temps particulièrement difficiles : je n'avais pas compris le sens du « réveil spirituel ». Et parce que j'acceptais toutes choses dans les AA comme naturelles, justes, saines, et bonnes, je ne permettais qu'une utilisation inconsciente de mon réveil spirituel que dans les domaines des AA. Et je ne l'avais jamais sorti de mon placard pour le regarder.

Maintenant, j'espère et je prie de pouvoir effectivement appliquer dans tous les domaines de ma vie, cette utilisation consciente de l'abandon, de l'humilité et de la gratitude. Je sais que, si je le fais, mes affaires, sous la direction de Dieu, ont une meilleure chance d'atteindre l'authenticité au quotidien.

H.W.
Westport, Connecticut

Gagner ou perdre
Août 2001

E N TANT QU'ONÉREUX spécialiste en marketing, j'avais l'habitude de me concentrer uniquement sur les victoires. J'adorais les gens comme l'entraîneur de football Vince Lombardi, et je le vénérais comme le saint patron de la conquête. Ainsi, chaque fois qu'une de mes victoires n'était pas complète – ou, Dieu m'en préserve, que j'avais perdu – mon sentiment d'échec était absolu. Et cela a toujours fait de moi une cible facile pour m'apitoyer – en bon serviteur de John Barleycorn.

Joe C., mon parrain, l'a compris peu après notre rencontre. Il m'a donné de bons conseils : « Retire les mots "succès" et "échec" de ton vocabulaire. Remplace-les par "honnêteté" et "effort". » disait-il.

Je n'étais pas encore prêt. J'étais un grand publicitaire qui pensait en savoir plus sur la concurrence que Joe, un électricien à l'époque. J'ai donc continué mon comportement de type A et j'ai été témoin de conflits constants à la maison et au travail. Mais ses paroles m'ont hanté pendant des années.

Avec le temps, j'ai commencé à me lasser de la colère, du ressentiment et de la haine qu'encourageait mon attitude compétitive. Un jour, un autre vieux membre, Claude W., m'a demandé : « Pourquoi as-tu si peur de perdre ? Tu n'as pas confiance en Dieu ? » Âprement, j'ai fait remarquer que, comme lui, j'étais dans le marketing, et j'étais payé pour réussir.

Sa réponse avait ses racines dans les mêmes graines que Joe avait plantées des années auparavant : « Ne sais-tu pas que le succès et l'échec ont un dénominateur commun ? ». Il s'est arrêté et m'a vraiment assommé : « Les deux sont temporaires ! ».

Ses paroles ont résisté à l'épreuve du temps. Elles m'ont aidé à rester sobre et à trouver la joie dans la profession que j'ai choisie, avec ma famille et entre amis. Je remercie Dieu, Joe et Claude de m'avoir enseigné cette leçon à temps pour en récolter les fruits.

Jim M.
Escondido, Californie

L'agonie spirituelle
Février 2001

FAIRE AMENDE HONORABLE au meurtrier d'un ami proche était l'idée la plus terrifiante – après celle de prendre un autre verre – à laquelle j'ai dû faire face au cours de ma sobriété. Mais elle s'est également avérée être l'action la plus libératrice que j'aie jamais prise sobre et pour laquelle je suis très reconnaissante.

Ma carrière d'alcoolique a été courte mais intense, avec les affreuses révélations des matins de gueule de bois, d'innombrables pertes de mémoire (y compris quelques-unes d'une durée de plus de quatre jours où je me suis réveillée dans un autre pays), deux accidents de voiture et quatre séjours dans les services psychiatriques, où j'ai été désintoxiquée pour ce que je priais être la dernière fois. J'avais 19 ans.

Je suis abstinente depuis presque deux ans, et je ne cesse de m'étonner de voir à quel point les promesses se réalisent alors que j'incorpore les principes de notre programme dans ma vie. Cependant mes six premiers mois d'abstinence ont été extrêmement douloureux. J'ai été peu soulagée de l'agonie spirituelle dans laquelle j'étais et, parce que je n'appliquais pas les Étapes, mon obsession de boire n'avait pas disparue.

Un soir froid d'octobre, alors que j'attendais quelqu'un pour me conduire, frissonnante, et participant malgré moi à une réunion après la réunion, quelqu'un m'a suggéré de réciter la prière de la Troisième Étape et de me mettre à travailler sur la Quatrième Étape. Le moins qu'on puisse dire, c'est que j'ai refusé. J'avais lu le Gros Livre et assisté à suffisamment de réunions pour savoir que faire l'inventaire de mes ressentiments – et pardonner à ceux qui m'avaient fait du tort – joueraient un rôle important dans le travail des Quatrième et Cinquième Étapes. Mais parce que j'étais, dans mon esprit, la victime innocente incarnée, je ne voyais aucune raison de pardonner à qui que ce soit, et je me suis accrochée à mes ressentiments comme si ma vie dépendait de leur existence.

Finalement, j'en ai eu assez. Mon agonie spirituelle devenait insupportable. Je ne voulais pas boire à nouveau, et sans exception, tous les AA que j'avais rencontrés qui avaient une qualité de sobriété que je voulais avaient fait à fond les Quatrième et Cinquième Étapes. Comme l'un d'entre eux l'a dit : « Si tu veux ce que j'ai, fais ce que je fais. » Je me suis donc assise et j'ai écrit ma Quatrième Étape.

Puis, en admettant mes torts à un autre être humain, j'ai pu constater que mes ressentiments ne faisaient que m'enlever l'appétit. Ils régissaient ma vie. Les gens pour qui je brûlais de haine ne savaient même pas que je les détestais, et s'ils le savaient, ils s'en fichaient probablement. Ma colère empoisonnait mon âme, pas la leur. Je voulais leur faire du mal et je ne faisais du mal qu'à moi-même. C'était comme si j'avalais de la mort-aux-rats et que j'attendais que ceux que je croyais être des rats meurent. Et j'étais vraiment surprise que ça ne marchait pas.

Un ressentiment particulièrement difficile en était un raisonnablement justifié. Quand j'étais adolescente, un ami cher a été assassiné. Il avait été quelqu'un d'important dans ma vie et ce que j'avais de plus proche d'un père. Quand il est mort, j'ai eu l'impression d'avoir été jetée dans un bassin plein de requins avec une enclume attachée à mon pied. « Nage ! » semblait dire le monde entier, se moquant de ma confusion, de ma perte et de ma douleur.

Son assassin a été reconnue coupable, mais folle, et envoyée dans un établissement psychiatrique d'État. Imaginer la meurtrière dans une salle pleine de peinture écaillée et de patients baveux dans des camisoles de force m'a soulagée. Au moins, elle était enfermée et dans un endroit terrible, même si ce n'était pas assez mauvais, bien sûr. La seule justice qui m'aurait satisfaite aurait été qu'elle soit lentement torturée à mort de mes mains nues. Et même cela ne n'aurait pas été assez. Je voulais que la tueuse ait mal comme j'avais mal, et ce n'était pas possible.

Dans les salles des AA, j'ai trouvé un Dieu tel que je Le concevais et, avec son aide, j'ai pu pardonner à la personne qui m'avait causé cette douleur si profonde. Mais pardonner n'est pas oublier, et la mort de mon ami occupait beaucoup de place chaque jour dans mon esprit et dans mon cœur. Bien que je ne brûlais plus de haine, la tueuse vivait encore dans ma tête sans payer de loyer.

J'ai prié pour la compassion et je l'ai reçue. Un soir, j'ai été frappée de constater à quel point j'ai de la chance. Toutes les erreurs j'avais commises quand j'étais malade avaient été réparées au mieux de mes capacités ; aucune d'entre elles n'avait été permanente et définitive. L'agonie d'être responsable de la mort de quelqu'un d'autre est une chose horrible. J'ai appris cela dans les salles des AA en écoutant des gens dont la consommation d'alcool a entraîné la mort d'une autre personne, habituellement lorsqu'ils étaient au volant d'une voiture. Sans la grâce de Dieu, ç'aurait pu être moi. En tant qu'alcoolique active, j'étais une tueuse potentielle tous les jours. C'était la vérité, et comme toute vérité, c'était difficile à avaler. J'ai également réalisé que lorsque la meurtrière de mon ami a retrouvé la raison grâce à des médicaments appropriés pour sa maladie mentale, un regret accablant et irréparable s'est installé dans sa vie à jamais.

Quelques jours après avoir atteint 18 mois d'abstinence, j'ai su que le temps était venu pour moi, avec l'aide de Dieu, de faire de mon mieux pour redresser la situation. J'avais appris chez les AA le pouvoir du pardon et la liberté qu'il offre, à la fois en étant pardonnée et en l'étendant aux autres. Je voulais cette liberté.

Mon ami était mort ; je ne pouvais rien y changer. Ce que je pouvais faire, c'était me racheter pour avoir égoïstement entretenu mon ressentiment. J'avais brûlé beaucoup d'énergie dans une colère et une haine inutiles, et la meilleure façon d'y parvenir serait de faire ce que je pouvais pour promouvoir la guérison.

Accompagnée d'un ami ayant plus d'une décennie de sobriété, je suis allée voir la meurtrière dans l'institution psychiatrique. J'étais maladroite et hésitante dans mes paroles, mais ce qui en ressortait était ce qui était vraiment dans mon cœur d'abstinente : « La personne que vous avez tuée était comme un père pour moi. Il représentait le monde pour moi. Je l'aimais plus que je ne peux le traduire en mots. Mais je suis maintenant bien dans ma vie. Je vous détestais de me l'avoir enlevé, mais plus maintenant. Je vous pardonne complètement. Je vous souhaite sincèrement tout ce qu'il y a de mieux dans votre vie, et j'espère que vous continuerez à aller mieux. Je savais qu'il serait bon pour moi de venir ici pour vous dire cela, et j'espère que cela vous aidera à savoir que quelqu'un qui l'aimait beaucoup et qui a été très durement touchée par sa perte est passée à autre chose et vous pardonne, et c'est correct. »

Reconnaissante que ma voix n'aie pas craqué et de ne pas avoir été malade à cause des papillons qui dansaient dans mon estomac, j'ai pris une grande respiration et j'ai récité une prière silencieuse de remerciement. Puis, je me suis assise et j'ai regardé l'être humain devant moi exprimer la douleur et les regrets les plus sincères que j'aie jamais vus. Cela m'a permis de faire la paix avec ma perte. Maintenant, je crois que la maladie mentale a privé cette femme du pouvoir de choix, et mon ami est mort parce qu'il était juste dans un mauvais endroit au mauvais moment.

En descendant le trottoir jusqu'à ma voiture, j'ai ressenti le pardon le plus profond que j'aie jamais connu. Un poids de 500 livres a été enlevé de mes épaules. Je me sentais libre et purifiée. Je venais de trouver des ailes : les miennes.

Holly H.
Huntsville, Alabama

La bouche qui rugissait
Août 2001

J'AI TOUJOURS TROP PARLÉ. Bien avant de prendre ma première bière et bien après avoir déposé mon dernier scotch, j'ai trop parlé. Quand j'avais peur, je parlais pour cacher ma peur ; quand je me sentais inadéquat, je parlais pour vous convaincre que j'étais branché, chic et cool ; quand j'étais en tort, j'articulais des pensées si circulaires et infinies que plusieurs fois les enseignants, les policiers ou les sergents ont levé les mains en défaite. J'ai tellement parlé, je suis devenu très doué dans ce domaine. Du moins c'est ce que je pensais.

Mais après des années d'abstinence, j'ai décidé qu'il était temps de jeter un coup d'œil sans peur et d'examiner ce défaut de caractère. C'est alors que j'ai découvert quelque chose d'alarmant sur moi-même : pour remplir l'air de mes mots, beaucoup de ce que je disais était négatif. En fait, beaucoup de mes monologues n'étaient guère plus que des envolées verbales contre des personnes, des lieux et des choses - du Président jusqu'à mes beaux-parents, en passant par mes amis et mes camarades AA.

Un beau jour d'automne, j'ai eu un moment de clarté alors que je conduisais avec ma femme et un autre membre des AA et son épouse. Ce membre des AA était quelqu'un que je parrainais depuis des années. Il était aussi l'une des rares personnes qui parlaient plus que moi. Au fur et à mesure que nous roulions, j'ai commencé à surveiller ce qu'il disait. Voici comment il a parlé ce jour-là : d'abord, il a présenté le problème, puis la solution d'un certain idiot (ce qui non seulement n'a pas fonctionné mais a empiré la situation), puis sa solution, suivie d'une série d'événements qui ont prouvé que sa solution était la seule qui ait réussi. Lorsqu'un nouveau sujet surgissait, mon filleul écoutait pendant un certain temps – mais pas trop longtemps. Puis il recommençait le même cycle.

L'écouter – je veux dire vraiment écouter ce qu'il disait – m'a ouvert les yeux (et les oreilles) sur ce que j'avais fait pendant toutes ces années. En l'écoutant, je me suis entendu. Parrainer des gens, c'est ne plus avoir besoin de miroir.

Dès que j'ai réalisé cela, que j'ai admis que j'étais impuissant sur les mouvements de ma langue, et que j'ai jeté un regard sans peur sur ce défaut, la solution est venue : si je ne disais que des choses positives, je parlerais deux fois moins.

Depuis ce jour dans la voiture, j'essaye de vivre selon ce simple principe. Quand je commence à dire du mal de quelqu'un, je restreins rapidement ma langue. J'ai eu beaucoup moins d'ennuis depuis. (Et comme je l'ai partagé avec mon filleul, il l'a fait aussi.) Oh, j'ai des rechutes. Je reviens à ce qui m'est naturel. Sans m'en rendre compte, me voilà qui débat des problèmes d'un tel, du programme d'un autre, ou de son mariage ou d'autres choses encore. Nous ne sommes pas des saints. Je ne comprendrai jamais cette idée. Mais je suis une meilleure personne qu'avant.

La personne que j'étais m'attend toujours au coin de la rue. Si je ferme les yeux, je peux le voir. Il porte une veste en cuir noir, fume un mégot, le dos appuyé contre un bâtiment, genou fléchi. Il attend que je partage une caisse de six bières et que je me joigne à lui en jurant, en me plaignant et en réduisant en pièces tout ce qui va de son ex-patron, de l'armée, à l'église, l'académie, le gouvernement – et les AA.

Mais quand je ferme mes lèvres au discours vicieux, l'ancien moi se lasse d'attendre que quelqu'un se mette à compatir avec lui. Quand je ne dis que des choses positives, l'ancien moi disparaît. Il jette sa cigarette dans le caniveau, remonte le col de sa veste et s'en va. Il ne veut pas l'entendre.

John Y.
Russell, Pensylvanie

Une sensation remarquable
Mars 1997

J'ÉTAIS L'UNE DE CES NOUVELLES arrivantes chez les AA qui ne supportait pas les mentions de Dieu dans les étapes. Je pensais que c'était indigne de moi de croire en Dieu. En tant qu'alcoolique en herbe au début de la vingtaine, je m'étais entichée d'existentialisme, une philosophie qui contemple le rôle de l'individu seul dans un monde absurde. L'existentialisme semblait rendre dignes mes sentiments d'isolement et d'unicité et donner une sorte d'intensité tragique à l'impulsivité alcoolique que j'aimais considérer comme la manifestation de mon libre arbitre. À mon arrivée chez les Alcooliques Anonymes, je voulais désespérément arrêter de boire et changer de vie, mais j'étais presque sûre que je n'avais pas besoin de l'aide de « Dieu ».

Cependant, même pendant mes premiers jours chez les AA, je craignais de percer des trous dans le programme, de peur que tout le tissu ne se déchire. Je soupçonnais que si je me permettais de faire ne serait-ce qu'une seule exception pour moi-même – comme déterminer que j'ignorerais les Étapes qui parlaient de Dieu – j'y trouverais une excuse pour boire. Par conséquent, j'ai décidé de trouver un moyen de vivre avec l'ensemble du programme des AA, y compris Dieu.

Mais que signifiait la Troisième Étape? « Nous avons décidé de confier notre volonté et notre vie aux soins de Dieu tel que nous le concevions. » Comment diable quiconque pouvait prendre une telle décision? Remettre ma volonté et ma vie entre ses mains me semblait être un processus extrêmement complexe. Et même si j'arrivais à le faire, que deviendrais-je? J'avais peur qu'en suivant la volonté de Dieu, je finisse par poser un geste courageux d'autosacrifice – ce qui me répugnait.

Le « Douze et Douze » dit que la seule chose nécessaire pour franchir la Troisième Étape est « une clef appelée volonté ». Je pensais le vouloir. M'imaginant tenir cette insaisissable « clef », j'ai attendu la transformation et rien n'est venu. Le livre compare également la conscience d'une Puissance supérieure à l'électricité qui circule, cachée et puissante, à travers les circuits d'une maison. Mais j'étais incapable de sentir le mouvement de cette force en moi ou de trouver l'interrupteur qui l'activerait dans ma vie.

La clé a finalement été tournée, l'électricité a finalement afflué, d'une manière si calme et si simple que je n'aurais jamais pu consciemment la faire venir.

Au moment où je suis devenue abstinente, je vivais avec un homme depuis plusieurs années. Notre relation était difficile depuis un bon moment, et ma nouvelle sobriété n'a fait qu'aggraver nos problèmes, car il se sentait menacé par ma dépendance croissante aux AA, et je n'étais pas à l'aise avec sa consommation continue d'alcool. Je me réveillais au milieu de la nuit et découvrais qu'il n'était pas rentré à la maison, et je plongeais dans une double panique, imaginant qu'il était mort dans un terrible accident ou qu'il était avec quelqu'un d'autre. Je restais dans mon lit, les yeux grands ouverts, jusqu'à ce que j'entende sa clé dans la serrure.

Une certaine nuit a débuté comme d'habitude. Je me suis réveillée, j'ai réalisé qu'il n'était pas à la maison et j'ai senti la peur monter. Puis quelque chose de tout à fait différent s'est produit. J'ai compris que je n'avais pas à suivre cette voie. Sans même penser à ce que je faisais, j'ai dit, non pas exactement à « Dieu », mais certainement pas seulement à moi-même : « Quoi qu'il arrive, laisse-moi l'accepter ». Instantanément, une vague de calme m'a submergée. La panique s'est évaporée. Je savais au fond de moi que, parce que j'étais sobre et que je n'allais pas boire à cause de cette situation, j'allais bien. J'avais confiance – en quelque chose. Je me suis endormie.

C'était il y a 16 ans. Quand je me suis réveillée le lendemain matin, je savais que j'avais enfin franchi la Troisième Étape et j'étais remplie de joie. La Troisième Étape a continué à se manifester dans ma vie d'une manière toujours plus surprenante et profonde, car, comme le promettent le « Douze et Douze », « une fois que nous avons placé la clef de la volonté dans la serrure » et expérimenté cette première ouverture de la porte, « nous découvrons que nous pouvons toujours l'ouvrir davantage ». Peu après avoir « remis la chose entre ses mains » cette nuit-là, j'ai rompu avec l'homme avec qui je vivais. Quelques années plus tard, j'ai épousé un homme que j'ai rencontré chez les AA. Je suis restée abstinente et je continue d'aller aux réunions.

Et, assez curieusement, suivre un chemin spirituel est devenu de plus en plus essentiel pour moi. Contrairement à ma crainte que la Troisième Étape me condamne à une vie courageuse d'autosacrifice, je trouve plutôt que cela me permet de penser et d'agir comme je suis vraiment, en toute liberté. Mon travail, qui consiste à écrire et à guider des aventures en régions sauvages, aide les gens à explorer le lien entre la nature et la spiritualité. En suivant ce chemin, mon propre voyage a pris bien des tournants. En fin de compte, cependant, le processus se résume à la Troisième Étape : je reste abstinente et je confie ma volonté et ma vie aux soins de Dieu comme je comprends cette entité sage et rayonnante qui se manifeste dans ma propre âme.

Il y a une suite à cette histoire. Un défaut de caractère que j'ai combattu pendant des années était la jalousie amère d'autres écrivains que je percevais comme ayant plus de succès que moi. J'avais travaillé dur pour laisser derrière moi cette blessure, mais elle continuait à faire surface facilement. Il y a quelques semaines, j'ai fait une séance d'imagerie guidée au cours de laquelle j'ai vu la bile noire et amère de la jalousie professionnelle m'être enlevée par un gentil singe, qui l'a placée dans la terre, où elle s'est dissoute, devenant inoffensive. Quelques jours plus tard, mon jeune beau-fils m'a appelé pour me dire que son premier livre allait être publié. Je me suis préparée à l'impact de la jalousie, mais, à ma grande surprise, je n'ai ressenti que du bonheur pour son succès.

Le lendemain, dans ma voiture, je réfléchissais à ce phénomène alors que je roulais sur la voie rapide. Au fait que le changement intérieur ne semble arriver que lorsque nous sommes vraiment prêts à le faire. Et puis j'ai entendu, très clairement, une voix : « Est-tu enfin prête à lâcher prise et à vivre pleinement ta destinée ? ».

Une vieille partie de moi s'est réveillée, celle qui ne pouvait pas laisser passer l'occasion d'obtenir ce qu'elle voulait. J'ai pensé : peut-être que si je dis oui, je deviendrai un auteur célèbre.

« Oui », ais-je répondu à la voix.

« Non », a-t-elle dit. « Es-tu prête à lâcher prise et à donner ta vie à Dieu ? »

Aussi souvent que ma Puissance supérieure s'était adressée directement à moi pendant mes années de sobriété, elle ne s'était jamais auparavant appelée Dieu. En tous cas, je ne l'avais jamais appelée ainsi. Le fait qu'elle venait de le faire m'a fortement ébranlée. Quel argument pouvais-je opposer à cela ?

« Oui, » ais-je dit simplement. « Je suis prête. »

J'ai alors ressenti une sensation remarquable. C'était comme si tout mon corps se vidait de ce dont il n'avait plus besoin et se remplissait instantanément d'autre chose. C'était une sensation de lumière et d'énergie, une sorte de courant de picotement, qui me traversait.

Voici encore une autre preuve que les miracles des AA peuvent toujours s'approfondir et bourgeonner si je ne bois pas, si je pratique les Étapes et si j'ai confiance dans le processus. Tant que je suis prête à faire ce que je suis appelée à faire à un moment donné et à renoncer à essayer de contrôler les résultats de mes actions, alors je suis le chemin que ma Puissance supérieure (appelez-la Dieu, la bonne direction ordonnée, l'âme, la force vitale, ou ce que vous voulez) a tracé pour moi.

Trebbe J.
Thompson, Pennsylvanie

Attendez le lancer
Mars 2001

C'ÉTAIT L'ÉTÉ 1999, et afin de couvrir les frais du mariage d'octobre que ma fiancée et moi avions planifié, je travaillais comme maitre d'hôtel, en charge de soûlards dans un bar à gin à la mode. Le salaire était plus que juste, mais je détestais le travail.

J'en étais à ma sixième année d'abstinence. Je connaissais tout de « l'acteur » dont parle le Gros Livre et de son désir de contrôler les éléments de production. Je connaissais la clef qu'est la volonté, et j'étais conscient de la nature d'un effort déterminé et persistant. Selon moi, je maîtrisais parfaitement la Troisième Étape. Pourtant, je souffrais encore d'une grande anxiété en me demandant comment nous allions payer notre mariage, comment je pourrais passer une nuit de plus à ce travail et comment nous allions nous débrouiller après notre mariage.

Alors que j'étais rongé par cette angoisse, un ami bien placé dans le monde de l'entreprise m'a offert quatre billets gratuits pour un match des Yankees, dans l'après-midi. Ils jouaient contre mon équipe préférée, les Tigers, et les sièges étaient juste derrière leur abri, derrière le troisième but. C'était exactement la distraction dont j'avais besoin et j'ai pris les billets avec plaisir. Mais la consternation a immédiatement suivi mon acceptation.

Aucun de mes amis ne pouvait prendre un après-midi pour venir se prélasser au stade avec moi. J'étais coincé avec trois super billets, et je ne savais pas quoi en faire. J'ai décidé de m'en remettre à Celui qui a tout pouvoir. Je me suis mis à genoux et j'ai dit que je lui ferais confiance pour savoir quoi faire avec ces billets.

En prenant le train n°5 pour le Yankee Stadium, j'ai évalué mes « clients » potentiels. Je ne trouvais aucun candidat. J'ai continué à faire confiance à ma Puissance supérieure.

Au guichet, j'ai rencontré un homme avec deux enfants, un garçon et une fille. Trois fans de baseball. Trois billets. J'ai demandé au père s'il les voulait. Je ne pouvais pas accepter de l'argent (il faut donner librement ce qui a été donné gratuitement), mais je l'ai prévenu que, lui et les enfants, seraient coincés avec moi pour l'après-midi. J'ai promis de me comporter de façon irréprochable et j'ai poliment décliné son offre de bière. Un soda, ce serait parfait.

J'ai eu ce que j'étais venu chercher. C'était une compétition intense. Dans une manche tardive, les Tigers ont placé un homme au premier but, et le frappeur suivant a frappé le lancer. Il a dirigé la balle vers le champ droit, et le coureur, qui avait fait un saut formidable, s'est rendu au deuxième but. Le voltigeur droit des Yankees a attrapé la balle correctement, mais il a lancé au troisième but. La balle a atterri dans la boîte du gérant, a ricoché sur la rambarde devant nous et a volé juste au-dessus de nos têtes. Une lutte s'en est suivie. Le petit garçon s'est pris une douche de bière, mais son père a attrapé la balle. Il l'a remise à son fils, trempé mais heureux, le fier nouveau propriétaire d'une balle de la Ligue Majeure de Baseball.

Le lendemain, un journaliste attitré aux Yankees a amorcé son reportage avec cette erreur de lancer, le garçon à la bière et le père qui avait récupéré la balle. En lisant le récit du journaliste, je me suis rendu compte que c'est Dieu qui avait orchestré tout cela. Sa volonté s'était accomplie, à travers moi. Un père a économisé de l'argent, un petit garçon a gagné un souvenir, et un journaliste a trouvé une piste pour son article, parce que j'avais eu confiance que Dieu me montrerait comment agir dans cette situation simple.

Les Tigers, vraiment affreux cette année-là, ont battu les Yankees qui devaient devenir les Champions des World Series. Notre mariage a été un événement mémorable et élégant pour lequel nous avons reçu toute l'aide dont nous avions besoin. J'ai quitté mon travail au bar à gin pour toujours, si Dieu le veut.

Aujourd'hui, je suis confronté à des difficultés qui, en comparaison, font pâlir les emplois désagréables et la distribution de billets gratuits. Mes plus grands défis sont devant moi. Mais mon expérience de la Troisième Étape, même dans les plus petites choses, me donne le courage de faire face à tout ce qui m'attend, 24 heures à la fois.

Pete P.
Manhattan, New York

La minute de vérité

« Mais voici venue la minute de vérité : pouvons-nous demeurer abstinents, garder notre équilibre émotif, et, en toutes circonstances, mener une vie qui sert à quelque chose ? »
Les Douze Étapes et Douze Traditions, p. 101

En tant qu'alcooliques actifs, lorsqu'un problème se présente, notre réaction est de boire. Puis nous nous laissons aller à l'apitoiement, au ressentiment, à la peur – ce qui ne résout pas le problème. En tant que membres des AA abstinents, nous pouvons choisir une voie différente, comme l'ont fait les auteurs de ces histoires. Au lieu d'abandonner, ou de céder au désespoir, ces AA ont été capables de faire face aux défis de la vie tout en restant abstinents – et de « garder l'équilibre émotif et mener ma vie qui sert à quelque chose ».

C'était une nuit noire et orageuse
Octobre 1998

J'AI PASSÉ LA PLUS GRANDE partie de ma vie sur les eaux de divers océans. Mon père était capitaine et il y avait beaucoup de marins du côté de ma mère. On attendait de moi que je devienne capitaine de navire. Les événements que je décris ici ont eu lieu au printemps 1980. J'avais été embauché par une entreprise d'Anchorage, en Alaska, pour diriger leur grand bateau de pêche, le Carole Jeane. Je suis arrivé à Seward ce printemps-là pour aller chercher le navire.

Mon cher ami Vic C. et moi étions alors dans le Mouvement depuis plusieurs années. Vic m'avait supplié pour que je l'emmène avec moi lors de mon prochain voyage sur les eaux de l'Alaska. Comme il connaissait bien les moteurs marins, il est devenu le mécanicien à bord du Carole Jeane. Après une inspection minutieuse du navire, nous avons conclu qu'il n'était pas en état de navigabilité, et nous avons passé les semaines suivantes à essayer de le remettre en état. Les propriétaires étaient très impatients de mettre le navire en route, mais je les ai mis en garde à bien des reprises de l'état dangereux du navire.

Pendant ce temps, à Seward, nous avons rassemblé plusieurs personnes ayant des problèmes d'alcool ; ce fut la naissance du programme des AA organisé ici. (Aujourd'hui, nous avons au moins deux réunions bien fréquentées chaque jour.)

Le navire était enfin prêt. Mon équipage se composait de Vic, l'ingénieur, Bob, le jeune cuisinier, Tom, le premier lieutenant, et moi-même. Nous avons quitté Seward un jour de tempête et les quarts de veille du navire étaient réglés. Vic et le cuisinier formaient une équipe, Tom et moi l'autre. Les premières heures après avoir quitté le port se sont déroulées sans incident. J'avais vraiment le sentiment que nous avions le navire sous contrôle, que les choses étaient normales et que les moteurs fonctionnaient bien.

Après le dîner, j'ai dit à Vic et au reste de l'équipage d'aller dormir un peu. Je revenais tout juste de la salle des machines ; tout semblait aller bien et tous les systèmes étaient en marche. J'ai pris une tasse de café dans la cuisine.

J'étais à la barre depuis environ deux heures lorsque Bob, le cuisinier, est arrivé en courant sur l'échelle qui menait au pont en criant : « On est en feu, on est en feu ! » De la fumée noire le suivait. Je n'en croyais pas mes yeux. L'incendie avait eu un énorme départ, et, je ne m'en suis pas tout de suite rendu compte. J'ai arrêté le bateau pour qu'on puisse se concentrer sur la lutte contre l'incendie. Après quelques minutes de cette bataille futile, je me suis rendu compte que nous étions à la merci du feu et que le navire serait rapidement détruit. J'ai envoyé un message de détresse – le nom du navire, l'emplacement et le problème : incendie en mer. Je pensais que ma transmission avait été diffusée, mais il n'y a pas eu de réponse. La cargaison du navire se composait de deux grands bateaux à filets maillants et de 16 000 de litres de gaz d'aviation dans des barils sur le pont. Nous avions aussi 95 000 de litres de carburant diesel dans les réservoirs. De nombreuses tonnes de matières inflammables étaient donc entreposées dans la cale du navire.

Je savais qu'il nous fallait abandonner le navire ou nous mourrions sûrement dans l'explosion. Tom et Bob ont trouvé des combinaisons de survie. Comme notre radeau de sauvetage et nos petites embarcations étaient en feu, nous avions perdu notre principal équipement de survie. L'idée de passer beaucoup de temps dans les eaux arctiques extrêmement froides du golfe de l'Alaska n'était pas très réconfortante. J'ai ordonné aux hommes de jeter par-dessus bord tout ce qui pourrait flotter. J'ai rampé dans ma cabine avec une serviette au-dessus de ma tête pour me protéger partiellement de la fumée noire toxique. Finalement, en tâtonnant du bout des doigts, j'ai trouvé une combinaison de survie qui, je l'ai appris plus tard, était déjà endommagée par le feu et pleine de trous.

Je vois encore Vic sauter dans la mer glaciale, ne portant qu'un gilet de sauvetage et ses vêtements de travail de tous les jours. Sa combinaison de survie personnelle avait brûlée dans l'incendie. Alors que nous nous éloignions du feu, nous avons trouvé une caisse d'emballage en polystyrène et plusieurs pièces de bois. Vic a grimpé dans la caisse d'emballage pour se protéger du froid, mais la caisse s'est remplie d'eau de mer glacée et la situation s'est aggravée.

Les vagues s'élevaient de trois à quatre mètres. Dans le brouillard et l'obscurité on ne voyait plus qu'à quelques mètres. Notre situation était désespérée. Nous en étions conscients. Les deux jeunes membres de l'équipage, effrayés, se sont mis à paniquer. Ces jeunes hommes étaient sûrs qu'ils allaient mourir dans les eaux glaciales de l'Alaska. Vic et moi avons décidé que la seule façon de rétablir un semblant d'ordre et d'aider notre équipage à se concentrer sur sa survie était d'avoir une réunion des AA ! Pouvez-vous imaginer deux membres du Mouvement des Alcooliques anonymes ayant une réunion, à la dérive, en plein golfe de l'Alaska, par une nuit sombre et orageuse, accrochés à un morceau de styromousse ? Nos deux jeunes membres d'équipage étaient fascinés ; ils ont cessé de divaguer et de délirer et ont commencé à nous écouter, Vic et moi, parler de la qualité de notre vie et de la chance que nous avions eue de découvrir le programme des AA. Vic et moi étions même en train de rire tout en partageant nos aventures de sobriété.

Au fil du temps, Vic est devenu de plus en plus froid, et nous avons dû soutenir son corps et garder sa tête hors de l'eau pour l'empêcher de se noyer. Au bout d'environ trois heures, un feu de bateau est apparu dans le brouillard. L'épave en flammes était toujours à flot, à environ 500 mètres de distance. Le navire de sauvetage a entrepris des recherches. Il leur a fallu deux heures de plus pour que leur guetteur nous repère dans l'eau. Après qu'ils nous eût repêchés, plus morts que vifs, nous avons commencé à nous réchauffer. Vic délirait. On l'a enveloppé dans des couvertures. J'ai grimpé dans la couchette avec lui pour essayer de lui transférer un peu de ma chaleur corporelle.

Notre navire de sauvetage nous a ramenés à Seward où nous avons tous été hospitalisés. Trois d'entre nous ont été relâchés le lendemain, mais Vic est resté en soins intensifs pendant plusieurs jours parce que sa température corporelle était restée inférieure à la normale pendant si longtemps. Finalement, lui aussi est sorti. Vic a vécu trois ans de plus. Il n'a jamais pu reprendre son ancien travail. Il n'a jamais été le même.

Vic C. était pour moi une source d'inspiration et un ami très cher. Il m'a encouragé et m'a initié au programme des Alcooliques anonymes. C'était mon parrain.

Jack S.
Seaward, Alaska

La valeur de la vie
Juin 2005

JE PURGE UNE SENTENCE à vie en prison à cause d'un accident lié à l'alcool, un accident qui a entraîné la mort d'un homme innocent. Jusqu'à présent, j'ai eu plusieurs milliers de jours pour réévaluer ma vie.

Lorsque lumière s'est faite sur les ombres de mon passé, j'ai été reconnaissant pour le « mode de vie » que fournissent les Douze Étapes. Cela m'aide à gérer le choc de qui j'étais, qui je suis aujourd'hui et qui je veux être. Mais, même après dix ans d'abstinence, je trouve que je ne fais qu'effleurer la surface. J'ai eu de très douloureux moments de réflexion sur ma vie et sur les actions et le comportement qui m'ont amené là où je suis aujourd'hui.

Aujourd'hui, heureusement, un esprit clair et sobre me fournit le cadre pour mettre en place mes priorités. Ces priorités sont un élément clef du succès de ma propre vie. Mais plus important encore, elles sont indispensables au bonheur et au succès de ma famille. Quelqu'un a dit que le plus beau cadeau que nous pouvons offrir à notre famille est la tranquillité d'esprit. Je suis tout à fait d'accord.

Cependant, dès que je pense avoir tout mis en place et que la transformation vers ma nouvelle vie est complète, quelque chose se produit et je me rappelle que je suis « un chantier en cours ».

Il y a trois ans, au cours de ma septième année d'abstinence et de ma sixième année d'incarcération, j'ai cru que j'avais enfin trouvé et respecté mes priorités. Je n'aurais pas pu me tromper davantage.

Je parlais au téléphone avec un bon ami. Ma plus jeune fille, Shelly (pas son vrai nom), allait avoir six ans dans quelques semaines. Je lui ai expliqué que j'étais très triste parce qu'elle ne savait pas ce que c'était d'avoir un papa à la maison. Jusque-là, le seul papa que Shelly connaissait était celui qu'elle voyait de temps en temps dans le parloir d'une prison. Quand elle était bébé, je savais que j'allais aller en prison pour la perte de la vie d'un homme, alors j'ai mémorisé tout ce qui la concernait et j'espérais qu'elle me reconnaîtrait quand elle me reverrait.

Pendant cette conversation, mon ami a perçu mon désespoir et a voulu aider à améliorer l'anniversaire de Shelly. Il m'a demandé ce qu'elle aimait parce qu'il voulait aller lui acheter des cadeaux pour moi. Je suis resté silencieux à l'autre bout du fil parce que je n'avais aucune idée de ce que ma petite fille aimait ou voulait. Je ne pouvais plus parler et j'ai raccroché le téléphone. Je suis allé à ma couchette et j'ai pleuré. Ici, je pensais que j'avais fait tous les changements nécessaires pour assurer la sécurité de ma famille. Pourtant, je ne savais pas quoi dire à mon ami à propos de ma petite fille. Une fois de plus, j'avais découvert que j'avais négligé un aspect important de ma vie – non seulement ma plus jeune fille était une priorité, mais tous mes autres enfants aussi.

Ainsi j'ai pu faire les changements nécessaires. Bien sûr, c'était difficile d'endurer un nouvel échec, mais en traitant la vie comme elle vient, je savais déjà que ce serait parfois difficile.

Sept ans après mon dernier verre, je n'étais toujours pas la personne que je voulais être. Mais après des semaines et des semaines à poser des questions et à rire avec ma petite fille, je suis beaucoup plus près d'être cette personne.

J'ai découvert que tout ce que je croyais vraiment important ne l'était plus. J'ai trouvé que les petites choses que je prenais pour acquises au quotidien étaient les choses qui avaient le plus de valeur. Quand le brouillard s'est levé, et que je me suis retrouvé seul sur un terrain étranger, j'ai réalisé à quel point ma pensée s'était troublée pendant ma brume auto-médicamentée. J'ai découvert, très vite, que ma famille attendait, l'espoir au cœur, le retour de la personne qu'ils connaissaient et aimaient.

En continuant à travailler les Étapes, j'écris mes objectifs et priorités au crayon pour pouvoir les effacer. Non pas pour pouvoir renoncer, mais pour que je puisse m'efforcer d'obtenir des résultats plus ambitieux. Le rétablissement est un processus qui dure toute la vie; dès que je graverai dans la pierre mon plan de vie, je redécouvrirai et récupérerai quelque chose qui est fondamental à la valeur de ma vie. Et puis, je me mettrais à la recherche d'une nouvelle pierre.

Bien qu'il soit difficile de ne pas envier ceux d'entre vous qui sont libres aujourd'hui et qui peuvent tenir leur femme et leurs enfants dans leurs bras et leur dire combien ils comptent pour vous, je suis très reconnaissant envers les AA et ce qu'ils ont fait pour ma vie. En rétablissement, ma vie s'améliore vraiment, jour après jour. Chaque obstacle que je rencontre n'est en réalité qu'une autre occasion déguisée. C'est une autre chance pour moi de devenir un meilleur être humain. Si la vie peut s'améliorer pour moi entre les murs de cette prison, je sais qu'elle peut s'améliorer pour tout le monde.

Aujourd'hui, je partage cette fraternité avec des alcooliques en rétablissement du monde entier qui ont pris le temps de m'écrire et de toucher ma vie d'une manière positive. AA est un Mouvement étonnant, rempli de gens extraordinaires. Je ressens tant d'humilité devant l'émerveillement que tout cela éveille en moi.

Jeff P.
Blythe, Californie

La préparation spirituelle du café
Août 2001

LES ALCOOLIQUES EN rétablissement et le café semblent aller main dans la main – ou tasse dans la main. (S'il n'y a pas de café quand on en veut, la vie maîtrise de la vie peut sembler nous échapper !) Le progrès spirituel de mon expérience du café montre comment les Étapes m'ont aidé à améliorer ma relation avec ma femme.

Au début de mon abstinence, je travaillais de nuit. J'avais cet emploi depuis quelques années. Souvent, ma femme se levait avant moi et commençait sa journée. Parfois, elle allait au travail, parfois elle emmenait les enfants à l'école, et d'autres fois, elle ne faisait que des choses à la maison. Certains matins, elle faisait du café et d'autres matins, elle s'en passait.

Je me levais après qu'elle ait été debout depuis un certain temps et je lui demandais si le café avait été fait. D'habitude, la réponse était non. C'était la cause de beaucoup de discussions ! Je n'arrivais pas à comprendre pourquoi elle ne faisait pas le café et, si elle n'en voulait pas, pourquoi elle n'en faisait pas pour quand je me leverais. Je ne voyais pas en quoi cela demandait tant d'efforts de faire un pot de café. Après plusieurs de ces discussions, j'ai décidé qu'il n'y avait rien que je pouvais dire qui ferait une différence de toute façon, donc je n'essaierais plus de la convaincre qu'elle devrait faire du café. Je voyais clairement que mes cris tombaient dans l'oreille d'une sourde. Alors je me levais et je faisais le café à contrecœur, et nous nous asseyions et prenions une ou deux tasses.

Bien que j'aie cessé d'en parler à ma femme, je revisitais souvent cette pensée. J'avais du ressentiment. Je savais que j'étais impuissant face à la préparation du café avant de me lever, et j'ai commencé à voir que c'était quelque chose que je ne pouvais pas maîtriser dans ma vie (Première Étape).

Je savais que j'avais besoin de l'aide de Dieu et qu'il pouvait faire pour moi ce que je ne pouvais ou ne voulais pas faire pour moi-même (Deuxième Étape). Je savais aussi que j'avais besoin de confier cela à Dieu et de le laisser me soulager de mon désir que les choses soient faites selon ma volonté. En récitant la prière de la Troisième Étape, je me suis forcé à vraiment écouter les mots : « Délivrez-moi de l'esclavage de l'égoïsme pour que je puisse mieux faire Votre volonté. Éloignez de moi les difficultés de sorte que ma victoire sur elles soit, pour ceux et celles que j'aurai aidés, un témoignage de Votre force, de Votre amour et de Votre mode de vie. Que j'accomplisse toujours votre volonté ! »

Quand j'ai entendu les paroles de cette prière, j'ai su que ma difficulté n'était pas d'avoir du café prêt pour moi quand je me levais le matin. Mon problème venait de l'intérieur. C'est évident que cela vient de moi lorsque j'essaie d'amener d'autres personnes à faire les choses comme je crois qu'elles doivent être faites – à la façon qui convient le mieux à mes désirs.

Ensuite, j'ai dû voir l'égoïsme qui consiste à arranger le spectacle à ma façon (Quatrième Étape). J'ai vu cela et je l'ai admis à Dieu et à mes compagnons (Cinquième Étape). J'étais convaincu que pour que Dieu enlève mes défauts de caractère, il fallait d'abord que j'arrête de pratiquer mes défauts de caractère et que je cesse de faire ce qui ne fonctionnait pas (Sixième Étape). Ensuite, je pourrais humblement lui demander des conseils et des directives pour voir comment il pourrait éliminer ces défauts, lui demandant ce qui fonctionnerait dans cette situation (Septième Étape). La Prière de la Septième Étape dit : « Je Vous demande d'ôter de moi chacun des défauts qui m'empêchent de Vous être utile, à Vous et à mes semblables. »

Après quelques années d'abstinence, j'ai eu l'occasion de déménager à Omaha et de travailler de jour. En tant que travailleur de jour, j'avais une nouvelle routine que je suivais tous les matins. Je me levais à 5h 30 et je préparais une cafetière. Puis je prenais ma douche, me brossais les dents et je m'habillais pendant que le café se faisait. Je versais deux tasses de café, une pour ma femme et une pour moi, et pendant que le café refroidissait (ma femme aime bien le café un peu refroidi), je faisais mes prières et mes méditations (Onzième Étape). Ensuite, ma femme et moi prenions notre café et discutions avant que j'aille travailler (Huitième et Neuvième Étapes).

Depuis, je suis retourné dans les régions rurales de l'Iowa et j'ai changé d'emploi. Je travaille encore de jour et je me lève avant ma femme. J'ai toujours du café fait et deux tasses versées chaque matin (Dixième Étape). J'accorde encore du temps pour mes prières et mes méditations pendant que le café se refroidit. Nous avons toujours notre café et notre conversation tous les matins. La vie devient spirituelle pour moi quand je vis comme si j'avais eu un réveil spirituel à la suite de ces Étapes, et que je pratique ces principes dans tous les domaines de ma vie (Douzième Étape).

Dimanche matin dernier, sur le chemin de l'église avec nos quatre enfants, j'ai parlé de cette expérience du café à ma femme, de mon insistance pour que le café soit prêt à mon réveil, il y plusieurs années. Ma femme m'a dit qu'elle se souvenait à peine de ces épisodes – ou discussions comme j'aime les appeler. Elle a été touchée que je considère le fait de prendre un café avec elle comme une expérience spirituelle.

J'ai aussi partagé cette expérience pour la première fois avec mon groupe d'attache dimanche soir dernier. Ce fut une expérience très émouvante qui a rempli mes yeux de larmes. (J'ai encore un ego et je n'aime pas dire que partager cette expérience m'a fait pleurer.)

En passant, cela renforce l'importance d'un groupe d'attache où chaque membre peut se sentir à l'aise pour partager son expérience, sa force et son espoir. J'ai besoin que mon groupe d'attache soit un endroit où je peux apprendre à mettre en pratique les principes énoncés dans les Douze Étapes avec d'autres alcooliques. Cela enclenche ma volonté de mettre en pratique ces principes dans tous les domaines, y compris dans ma vie familiale.

Bill H.
Vinton, Iowa

Gagnants et pleurnicheurs
Octobre 1994

J'AIME LA DIVERSITÉ DE notre fraternité. Je suis devenu abstinent dans une petite ville qui a la chance d'avoir trois réunions par jour. J'en suis venu à apprécier l'existence des différentes sortes de réunions – les réunions de nouveaux arrivants rugueux et durs, les réunions philosophiques de sobriété moyenne, et les réunions des anciens vivant dans la solution. Je peux habituellement faire l'inventaire de mes sentiments et de mes besoins, puis choisir la réunion qui me convient. Ce qui arrive parfois, cependant, c'est que je peux oublier, dans mon égoïsme, quelle réunion est la bonne pour le service.

J'ai trois années d'abstinence maintenant et au cours de l'été dernier, la vie était du gâteau. Quand la vie est facile, je suppose généralement que c'est la voie de Dieu et il m'est facile de rester spirituel. Mais quand je vis des problèmes émotifs, je vois que la vie est une corvée et je me dis que Dieu a dû partir à la pêche. Ce dont j'ai du mal à me rendre compte, c'est que je ne comprends pas quoi que ce soit– que lorsque la vie est une corvée, cela signifie habituellement que je ne vis pas en accord avec la réalité : la vie a ses hauts et ses bas. Ce qui semble le plus difficile dans cette phase de mon développement, c'est mon manque de compassion pour mes propres difficultés physiques et émotives. C'est quand je suis à terre que je me donne le plus de coups de pied.

L'été dernier, tout s'est passé sans soucis. J'avais un emploi formidable, je travaillais en étroite collaboration avec les gens du programme et je restais en bonne forme physique. Puis, cet hiver, je me suis blessé au dos, j'ai perdu mon emploi et j'ai eu de la difficulté à communiquer avec les gens. J'ai confié mes malheurs à Dieu tous les jours ; j'ai travaillé les Étapes ; j'ai participé à de nombreuses réunions ; j'ai travaillé avec mon parrain et parrainé deux bons hommes – et pourtant je vis toujours dans la peur et j'ai des coups de blues physiques, spirituels et émotifs. L'idée me vient facilement à l'esprit que je ne suis pas assez bon, que je ne suis pas digne d'amour ou que je mérite la misère.

Ma vie est si inconfortable maintenant, et il ne semble y avoir aucun signe de changement, et pourtant je sais par ceux qui m'entourent que le temps prend du temps. Ma croissance a toujours été lente et douloureuse. Je ris parfois quand j'entends cette phrase des promesses : « parfois rapidement ». Mais cela m'aide à me rappeler que la phrase qui suit est : « elles se matérialisent toujours si nous travaillons dans ce sens ». Ce que je remarque le plus, c'est que je ne bois pas – un miracle quand je considère que les gens sont sortis du programme dans des circonstances similaires – et que je parle de mes sentiments. Et je suis bien conscient que seul je ne peux pas résoudre mes problèmes, mais qu'avec Dieu et le Mouvement, je peux continuer à grandir et à vivre.

Ces jours-ci, je vais à toutes les réunions. Je travaille avec les nouveaux arrivants lors des réunions turbulentes pour me souvenir de ce que c'était quand je suis arrivé ici ; je vais aux réunions philosophiques parce que j'ai besoin d'entendre comment les gens restent abstinents ; et je vais aux réunions qui parlent de la solution parce que je dois célébrer mon abstinence et m'accorder une pause. Il y a des gagnants et des pleurnicheurs, et parfois j'ai l'impression d'incarner les deux. Je suis, comme me le rappellent mes amis, un être humain.

Après trois ans, j'arrive enfin à la deuxième moitié de la Première Étape : ma vie est ingérable. (On dit que si la consommation d'alcool ne vous amène pas à genoux, la sobriété le fera.) Mais je dois avouer qu'à travers tout cela – et on me rappelle toujours que ça n'a pas été si long, ce n'est qu'une impression – le Mouvement des Alcooliques anonymes ne m'a jamais laissé tomber.

Gabby H.
Port Townsend, Washington

La foi en pleine floraison
Novembre 2003

HIER, C'ÉTAIT LE JOUR de mon mariage. Cela fait maintenant vingt ans que suis dans cette relation, et la décision de sauter le pas a été motivée par le déclin physique rapide de la petite-fille de ma femme, âgée de 24 ans. Elle a un cancer et on ne s'attend pas à ce qu'elle vive plus de quelques semaines au mieux.

La cérémonie, planifiée à la hâte, s'est déroulée dans sa chambre d'hôpital, en présence de cinq générations de membres de la famille immédiate. Une travailleuse sociale coopérative, étonnée mais de bonne humeur, s'est également retrouvée emportée par la célébration, et une caméra lui a été mise dans les mains pour que l'évènement soit enregistré pour la postérité, avec ses moments légers et poignants.

Les vœux et les anneaux ont été échangés au pied du lit de notre petite-fille, et son jeune fils a pu participer en apportant les alliances. À un moment donné, il a dû ramper sous le lit pour récupérer ma bague, que ma mariée nerveuse avait laissée échapper avant qu'elle ne puisse me la mettre au doigt.

Après la cérémonie, nous avons servi un simple gâteau acheté ce matin-là et quelques bouteilles de jus de pomme pétillant pour porter un toast au mariage. J'ai demandé à ma petite-fille de dire quelques mots. Elle a dit qu'elle se sentait parfois négligée et qu'elle avait été en colère contre les Alcooliques anonymes pour tout le temps que nous avons passé en réunion quand elle était enfant, mais elle était reconnaissante que nous soyons abstinents. Elle nous a aussi dit qu'elle était heureuse d'être encore en vie pour assister au mariage que nous avions repoussé depuis si longtemps.

Étonnement, il ne semblait étrange à personne que le mariage n'ait pas eu lieu dans une église, ou dans un parc, ou dans l'arrière-cour de quelqu'un. Il semblait tout à fait naturel de réunir une famille pour une occasion joyeuse, alors même qu'un deuil s'annonçait.

Je vous dis tout ça pour une raison. Notre livre Les Douze Étapes et les Douze Traditions affirme que «les membres qui ont une sobriété éprouvée semblent, avec la grâce de Dieu, prendre ces épreuves comme elles viennent et les transformer en témoignages de foi ».

Je ne suis pas certain d'avoir accepté le fait que notre petite-fille soit sur le point de mourir, mais pour une raison étrange, je n'ai pas peur. Elle a une foi inébranlable en Dieu, avec l'espoir que lui a apporté de nous voir grandir spirituellement dans les Alcooliques anonymes. Je crois que, si Dieu juge que son travail est accompli, nous ne devrions pas essayer de la garder ici. Nous devons lui montrer que notre volonté d'accepter sa volonté ne s'applique pas seulement aux choses terrestres de la vie, mais même à la mort d'un être cher.

Quand j'avais un an d'abstinence, ma grand-mère est décédée, et je n'ai pas très bien géré la situation. J'ai fait des erreurs qui n'ont pas encore été rectifiées et qui m'ont coûté ma relation avec ma propre mère. J'ai maintenant beaucoup plus d'années d'expérience à essayer de « mettre en pratique ces principes », et j'espère donc faire les choses très différemment cette fois-ci.

Butch M.
San Diego, California
Épilogue : Tous les participants étaient d'accord pour dire
que le jour de notre mariage était le dernier « bon » jour de notre
petite-fille. Elle est décédée six jours plus tard.

La chose la plus terrifiante
Juin 2006

LA CHOSE LA PLUS EFFRAYANTE que j'aie jamais faite fut de devenir abstinente. Vivre sans alcool m'a projetée dans un monde aussi étrange et menaçant qu'un paysage martien. Pendant

30 ans, la bouteille a été ma pire amie, mon ennemie la plus chère. C'était ma compagne, ma gardienne, et sa perte m'a laissée tremblante et seule – et effrayée. J'avais peur de toi. J'avais peur de moi. J'avais peur d'un Dieu dont je ne voulais pas admettre l'existence. Et j'étais terrifiée à l'idée de boire à nouveau.

J'ai donc été très prudente. Serrant contre moi ma santé mentale fragile, j'ai doucement traversé les jours. Comme un réfugié qui traverse un cours d'eau rapide, à chaque pas, je cherchais la terre ferme. Loin de chez moi, j'avais l'impression d'avoir perdu ma peau. J'ai vu du mépris dans chaque œil, de la rebuffade dans chaque geste. Dans mon appartement, je lisais assise dans ma cuisine, bien que le salon ouvert soit à une demi-douzaine de pas. Car, sur le canapé confortable, j'avais peur de me détendre, de perdre mon but, de boire.

Le groupe que j'ai rejoint m'a sauvé la vie, il est devenu ma vie, et il est totalement intégré dans ma vie aujourd'hui. J'ai apporté ma peur aux réunions et je me suis assise en silence. J'ai écouté. Pendant une heure, j'étais en sécurité. Pendant une heure, j'ai trouvé un refuge parmi ceux dont la peur avait été aussi grande que la mienne. Je n'ai pas donné ma peur – ils l'ont prise. Ils m'ont soulagée de son emprise à coups de câlins et de rires, en partageant leur expérience.

Lentement, je devenais moins fragile. Je n'ai pas besoin de mourir ni de devenir folle. J'ai appris à vivre avec celle que je craignais le plus – moi-même. Depuis ces premiers jours, il y a plus d'une décennie, j'ai failli perdre la vie dans un accident de voiture, puis le cancer m'a presque emportée. Mais rien dans la mort n'est aussi effrayant que la terreur exaltante d'essayer d'accepter la vie.

Barbara D.
Carlsbad, Californie
Barbara est décédée le 10 novembre 2005.
Elle était abstinente depuis 26 ans.

Se libérer de soi-même

« ...l'alcoolique fournit l'exemple parfait de la volonté
personnelle déchaînée... »
–Les Alcooliques Anonymes, p. 701

En tant qu'alcooliques actifs, la plupart d'entre nous sommes égocentriques, et lorsque nous entrons dans les AA, notre comportement peut encore être motivé par l'égoïsme, la recherche de soi, l'apitoiement sur soi et la peur égocentrique. En demeurant abstinents, cependant, nous sommes libérés de « l'esclavage de soi », comme le dit le Gros Livre. Nous ne sommes plus au centre de l'univers. Nous apprenons un peu d'humilité. Nous abandonnons l'idée que le monde doit toujours répondre rapidement à nos demandes. Nous cessons d'essayer de diriger le spectacle – le nôtre et celui de tout le monde. On arrête de jouer à Dieu – et il s'avère qu'il y a du soulagement et de la liberté là-dedans.

On se sent seul au sommet
Mai 1991

LORSQUE JE SUIS DEVENU abstinent, il y a 14 ans, je n'ai pas eu de difficulté à trouver un parrain. Presque tout le monde dans le groupe était abstinent depuis plus longtemps que moi, alors tout ce que j'avais à faire était de trouver quelqu'un qui était actif et avec qui je pouvais communiquer. Mon premier parrain avait été clochard dans les bas quartiers du Bowery à New York. Je pouvais m'identifier à son bas-fond parce que moi aussi, j'avais amené l'alcoolisme aussi loin qu'on peut sans mourir. Il était abstinent depuis dix ans quand je suis arrivé aux AA, et à l'époque, cela m'a semblé être une éternité. Aujourd'hui, quelques années plus tard, je suis souvent la personne qui a le plus d'abstinence aux réunions auxquelles j'assiste.

Mon second parrain m'a dit : « Plus tu es abstinent, plus le chemin est étroit. » Après deux ans d'abstinence, j'ai pensé que c'était absurde. Il viendra un jour, pensai-je, où tout sera clair, et je n'aurai plus de difficulté avec le programme. J'ai entendu un vieux qui disait quand il se déchaînait : « On se sent seul au sommet. »

L'an dernier, dans nos groupes, trois personnes avec plus de 20 ans d'abstinence sont décédées. Dans une petite ville, ces gens étaient vraiment plus grands que la vie et nous dépendions beaucoup d'eux. Mon parrain était l'un de ces trois-là. Il souffrait d'arthrite rhumatoïde et d'emphysème. Après la mort de sa femme, il a commencé à compter sur moi et d'autres filleuls pour qu'on l'aide physiquement et émotionnellement.

Pendant ce temps, j'ai commencé à souffrir de crises de panique. J'avais été un désastre mental et émotif pendant la plus grande partie de ma vie, comptant plusieurs hospitalisations mentales, y compris un traitement par électrochocs quand j'avais 25 ans. Bien que les AA et Dieu aient supprimé ces problèmes extrêmes, la pensée qu'ils pourraient revenir était une grande menace. Un soir, après une réunion, j'ai parlé à un nouveau venu qui avait des problèmes. Comme n'importe qui d'autre qui est resté abstinent pendant un certain temps, je savais quoi dire pour qu'il se sente mieux. Il m'a dit que j'avais un programme merveilleux. Moi, je suis rentré à la maison, si déprimé que je pensais au suicide. On se sent seul au sommet.

J'ai besoin de parrainage, et j'en avais surtout besoin à l'époque. Mon parrain était trop malade pour me parler très souvent, et je ne voulais pas l'accabler davantage. J'ai commencé à chercher un autre parrain et je me suis retrouvé face à un mur de briques – la plupart des parrains disponibles étaient abstinents depuis moins longtemps que moi. J'ai commencé à découvrir qu'être au sommet n'est pas seulement solitaire, ça fait mal. Le lendemain, j'ai appelé un alcoolique qui n'était abstinent que depuis cinq ans et je lui ai demandé d'être mon parrain, même s'il était le filleul d'un de mes filleuls. Comme moi, il s'était remis de graves problèmes mentaux et je pouvais m'identifier à lui. Plus tard, j'ai aussi demandé à quelqu'un qui n'avait que trois ans d'expérience dans le programme.

Je crois que j'ai été beaucoup plus enseignable avec les deux derniers parrains que je ne l'ai jamais été auparavant. Mon nouveau parrain, qui vient de terminer lui-même une Quatrième Étape, m'a encouragé à travailler cette étape et à suivre de près et attentivement cette section du Gros Livre. J'avais déjà fait une Quatrième Étape auparavant, mais je n'avais jamais voulu suivre les instructions. Il m'a semblé, avec mon abstinence à long terme, que je devrais mieux me comporter avec un parrain moins expérimenté.

Je n'encourage certainement pas l'utilisation d'un parrain qui vient de devenir abstinent, mais après environ un an, toute personne ayant un bon programme devrait pouvoir parrainer quelqu'un d'autre. Je ne souscris pas non plus à l'affirmation selon laquelle « la personne qui s'est levée le plus tôt ce matin est la plus sobre » – la durée de l'abstinence m'a apporté des bénéfices durables, et j'ai été plus productif et confortable que je n'aurais pu l'imaginer. Mais je n'ai toujours pas d'ancienneté – je suis toujours à un verre d'une cuite. J'ai encore besoin d'aide, et le parrainage fait partie de ce dont j'ai besoin. J'entends des alcooliques se vanter de la durée d'abstinence de leur parrain. Il est bon de se rappeler que cette durée d'abstinence est la sienne, et non la leur.

J'espère que je n'ai plus besoin d'un parrain prestigieux. J'ai besoin d'aide plus que de prestige. Je suis aux AA pour le long terme, et si je dois rester abstinent de plus en plus longtemps, il y aura de moins en moins d'alcooliques qui sont abstinents depuis plus longtemps que moi. Mon besoin d'aide ne s'estompera pas, je le sais. Je suis doué pour parler aux alcooliques en difficulté – j'ai parrainé un grand nombre de personnes. Mais je n'ai jamais maîtrisé l'art de l'auto-parrainage, et je doute que j'y arriverai. Ce dont j'ai besoin chez un parrain, c'est d'une personne qui s'éloigne d'un verre, qui travaille activement aux Étapes et qui participe activement au programme sur une base quotidienne. Avec ces exigences, il m'est possible de trouver un grand nombre de personnes avec qui je suis en relation. Si un parrain doit avoir plus de 15 ans, cela risque de me prendre un moment. Mon parrain qui est mort a dit qu'en plus de rester abstinent, sa plus grande priorité était de devenir un imbécile ordinaire. Avoir un parrain ordinaire m'aide à atteindre ce noble objectif.

S. C.
Harrisonburg, Virginie

L'anonymat : un jour à la fois dans le vrai monde
Juillet 1995

DANS MES DEBUTS d'abstinence, quand j'ai appris à prononcer le mot « anonymat », j'ai pensé que cela signifiait simplement que nous n'utilisions pas nos noms de famille aux réunions des AA. Cela me convenait très bien ; je ne voulais pas que le monde entier sache que j'étais alcoolique. Parce que j'avais l'habitude de consommer seul, beaucoup des gens avec qui je m'associais n'étaient pas au courant de mon alcoolisme. Ils savaient que quelque chose n'allait pas chez moi, mais ils ne savaient pas quoi. Alors, au début de mon abstinence, je me suis tu au sujet de mon adhésion aux AA.

Puis, je suis passé par la phase évangéliste. J'ai dit à tout le monde que j'étais un alcoolique en rétablissement, qu'ils s'en soucient ou non. J'étais plus qu'un peu fier de mon abstinence. Quiconque me portait la moindre attention m'entendait parler de l'alcoolisme et du rétablissement. Quel expert je pensais que j'étais après quelques mois d'abstinence ! J'ai été déçu quand j'ai réalisé que la plupart des gens n'étaient pas intéressés par ma « grande découverte ». Patiemment, ils m'écoutaient, puis changeaient de sujet.

Après plusieurs années d'abstinence, j'ai finalement atteint un équilibre : j'étais à l'aise de parler de mon alcoolisme à des personnes intéressées, mais j'avais abandonné mes efforts pour éduquer tout l'État de l'Alaska. Puis, j'ai obtenu un emploi de répartiteur civil dans un service de police. Au cours de l'entrevue pour l'emploi, personne ne m'a demandé si j'avais déjà consommé de la drogue ou si j'avais trop bu, alors je n'ai rien dit à ce sujet. J'étais prêt à répondre honnêtement à la question ; cependant, je ne voyais aucune raison de le mentionner si personne ne me le demandait.

Je n'étais au travail que depuis une semaine lorsque j'ai entendu le sergent parler au téléphone au quartier général. Il discutait de la possibilité d'embaucher un autre civil pour un emploi semblable au mien : « Elle se dit alcoolique en rétablissement. Elle dit qu'elle est abstinente depuis quatre ans. Elle va dans les écoles secondaires locales pour parler aux enfants des dangers de l'alcool. »

Mon cœur s'est emballé. Peut-être qu'ils allaient embaucher une autre personne du programme pour travailler avec moi ! Mais le sergent s'est arrêté pour écouter la réponse de son supérieur. Il a éclaté de rire.

« C'est vrai », l'ai-je entendu dire. « On n'a pas besoin de ce genre de personnes ici. »

Je suis resté cloué à ma chaise. J'avais le visage en feu. « Nous n'avons pas besoin de ce genre », en effet ! J'étais de ce genre là ! Je pouvais à peine me contenir. J'ai rassemblé toute ma volonté et je me suis efforcé de rester dans mon fauteuil et de continuer à taper. J'avais l'envie écrasante de sauter sur le bureau et de crier à ce stupide sergent : « Je suis alcoolique ! Regarde-moi ! Nous nous rétablissons de cette maladie. Tu ne vois pas quel brillant exemple de sérénité et de spiritualité je fais ? »

En continuant à travailler au service de police, j'ai appris que la mauvaise attitude de nombreux policiers à l'égard des alcooliques était renforcée par leur expérience sur le terrain. Ils nous rencontrent au pire de notre maladie. Les policiers réagissent aux accidents, aux suicides, aux homicides, aux cambriolages, aux épisodes de violence familiale et aux bagarres dans les bars – et l'alcool occupe une place importante dans la plupart de ces évènements. Les flics doivent ramasser les débris.

Une fois que les alcooliques se sont rétablis, la police ne nous voit plus. Soudain, nous sommes sortis de leur vie, et d'autres, toujours dans la folie de leur maladie, prennent notre place. Les flics n'ont pas eu le temps de se demander ce qui est arrivé à ceux d'entre nous qui avaient disparu. Ils sont trop occupés à essayer de s'occuper du prochain crime, de la prochaine perturbation, du prochain accident, du prochain désordre causé par un alcoolique encore en exercice.

La communauté des policiers était un autre groupe de personnes à qui je devais amande honorable. Eux aussi avaient été affectés par mes actions lorsque j'étais un alcoolique actif. C'était douloureux pour moi de m'élever au-dessus de ma juste colère face à leur insensibilité apparente pour voir que je leur avais fait du mal. Mais ces policiers sont confrontés à l'alcoolisme actif tous les jours de leur vie. Pour réparer le stress que j'avais causé à la police, pour la douleur que j'avais infligée, il ne me suffisait pas de sauter sur la table pour leur dire que je me rétablissais. Je devais leur montrer.

J'ai pu beaucoup mettre en pratique les principes du programme pendant que j'étais au travail. Quand les policiers étaient en colère, il me fallait leur pardonner de réagir à la folie de l'alcoolisme actif. Lorsqu'ils revenaient à la station après un appel pour abus d'enfant ou un accident de voiture fatal, ils étaient parfois tellement en colère qu'ils ne pouvaient pas parler. Et sous leur colère, j'ai vu la question dans leurs yeux : « Pourquoi ? » Ils voulaient que le carnage s'arrête. Mais le lendemain, un autre appel arrivait. Seuls les visages changeaient. J'ai appris à admirer la police qui s'efforce d'amener les alcooliques au bas-fond, en leur faisant affronter la destruction de leur propre vie et de celle des autres.

Quand les choses étaient calmes, quand personne n'était en colère, j'ai commencé à parler de mon passé à certains flics. Cependant, avant d'ouvrir la bouche, j'ai fait un inventaire rapide pour déterminer si mes raisons de partager étaient bonnes. Je n'ai parlé que lorsque j'ai senti que ce que j'avais à dire les aiderait. Si mes motifs étaient égoïstes, pour justifier une mauvaise performance pour attirer l'attention sur moi ou pour évoquer la pitié, je me taisais.

Ceux avec qui j'ai partagé m'ont encouragé dans mon rétablissement. Un officier a exprimé le souhait qu'un plus grand nombre de personnes trouvent le Mouvement des Alcooliques anonymes.

« Nous le transmettons chaque fois que quelqu'un tend la main », lui ai-je dit. « Mais ils doivent vouloir se rétablir. Quand ils en ont assez de vivre ainsi, ils nous trouvent. Quand ils demandent de l'aide, nous essayons d'être là pour eux. »

Pourtant, lorsque les appels d'urgence inondaient le poste de police, je n'avais pas le temps de parler du programme. Les flics s'attendaient à ce que je fasse mon travail efficacement, sans excuses. Petit à petit, j'ai été accepté au sein de l'équipe. Peu leur importait mon passé, tant que je faisais mon travail au mieux de mes capacités et que je ne demandais pas de traitement de faveur.

Jamais, alors que je travaillais au poste de police, j'ai diffusé le fait que j'étais un alcoolique en rétablissement, mais je ne l'ai pas caché non plus. J'ai apprécié mon anonymat dans cette situation, non pas parce que je craignais ce que les flics penseraient de moi, mais parce que je ne voulais rompre mon anonymat que quand cela pourrait leur être bénéfique. J'ai fait amende honorable à la police en transmettant par mes actions le message que nous nous rétablissons et que nous vivons une vie responsable, productive et utile. Le besoin de sauter sur la table et de leur dire une ou deux choses a disparu. Ils ont découvert qui j'étais. Et ils m'ont accepté.

Kit K.
Sterling, Alaska

On obtient ce qu'on a
Octobre 2001

MES GROUPES LOCAUX insistent sur ce rappel constant : on obtient ce qu'on a ; c'est ce qu'on en fait qui compte.

Après avoir assisté aux réunions des AA dans l'Iowa pendant les deux années que j'y ai passées pour ma maîtrise, j'ai ramené cette question à la maison pour l'ajouter à ma liste quotidienne de la Dixième Étape :

« Est-ce que j'apprends encore ? »

Ces deux idées m'aident à contrer mon mécontentement constant à l'égard d'un emploi que mes anciennes attitudes interprètent comme étant au-dessous de moi. Bien que je sois gêné d'avouer à de nouvelles connaissances ce que je fais pour gagner ma vie, les faits racontent une histoire bien différente.

Abstinent depuis dix ans, nouvellement formé et diplômé en tant qu'écrivain, j'avais des plans pour une superproduction qui me permettrait d'entrer dans le monde de l'édition. Mais j'avais besoin de payer mes factures. J'ai acheté un nouveau costume pour aller aux entrevues, je suis rentré à la maison cet après-midi, je me suis mis à genoux et j'ai prié pour que la volonté de Dieu se réalise dans ma recherche d'emploi.

Moins de dix minutes plus tard, le téléphone a sonné. L'hôpital local, où j'avais travaillé comme concierge entre les semestres à l'école supérieure, voulait savoir si je pouvais remplacer le personnel qui prenait des vacances. Après une brève rencontre avec le superviseur, je suis reparti avec un poste permanent de 30 heures qui me permettrait de payer mes factures, bénéficier d'une assurance-maladie, de me donner du temps pour les réunions et de laisser les matins libres pour écrire. Je n'étais pas ravi du travail, mais la situation était... enfin, incroyable. Et rappelez-vous : c'est eux qui m'avaient appelé.

Je me suis dit : je suis abstinent, j'ai mis en pratique les Étapes, j'ai de l'humilité. Je peux faire ça un an, peut-être deux. Et j'utiliserai le nouveau costume si jamais je dois postuler pour un vrai travail.

Six ans plus tard.

Le nouveau costume a été à deux mariages. Une boîte de carton débordante de manuscrits pour la plupart non-publiés remplie le fond de mon placard. Parmi eux, il y a ma thèse de maîtrise, mon curriculum vitae et des copies des demandes d'emploi à toutes les maisons d'édition à proximité et même un peu plus loin.

Après de nombreux changements d'horaire, plusieurs augmentations liées au mérite, des prières ardentes et effrayantes et des disputes incessantes dans ma tête entre les membres du comité, je suis toujours en train de nettoyer les planchers, de me rendre aux réunions, de faire du travail de service, de parrainer d'autres personnes et d'écrire le matin. Récemment, après avoir demandé des heures à plein temps, on m'a approché pour diriger le service. Une fois de plus, c'est eux qui m'ont demandé. C'est un vrai travail, respectable, stimulant, bien rémunéré et une véritable contribution à une organisation axée sur le service. Mieux encore, vous n'avez pas besoin de porter un costume pour le faire.

J'ai dû leur dire que mon cœur est ailleurs. Me présenter et faire le travail ordinaire est ce dont j'ai besoin, pas plus de responsabilités. Mais j'ai apprécié leur considération et je changerai peut-être d'avis plus tard.

Je n'ai pas menti. Mais la vérité, c'est que le fait de travailler au bas de l'échelle m'a montré certaines choses sur moi-même que j'ai ratées dans plusieurs Quatrième et Cinquième Étapes : je lutte constamment avec le contrôle et le détachement. Une grandiosité enfantine m'incite encore à faire de chaque petite dispute une question morale. Un certain instinct pervers pour le malheur insiste sur le fait que je dois toujours avoir raison. Je ne suis pas très bon en gestion. Mais aussi, je n'ai pas la fibre émotive nécessaire pour faire un travail exigeant et continuer à écrire – ce que je suis déterminé à faire.

La partie de mon travail qui me prend toujours par surprise, c'est le choc palpable du plaisir que j'éprouve à être utile – pour être au service des autres, pour lesquels ils sont si sincèrement reconnaissants. Mon esprit d'ivre mental ou de buveur, toujours en vie, essaie d'éviter ces appels, prétendant que ce n'est pas vraiment mon travail.

Mais le véritable test décisif pour moi est de ne pas laisser la peur et la répugnance au contact étroit avec des gens très malades, décrépits et mourants couper ma connexion avec ma Puissance supérieure. Quel que soit le sentiment de victimisation, d'injustice, d'absurdité, de fraude ou d'ironie amère, dont mon esprit malade d'alcool se nourrissait, ma situation actuelle me force à affronter chaque jour de travail comme un défaut que je ne maîtrise pas encore.

Au début de mon abstinence, j'avais vécu la perte de mon mariage, des affaires, des biens et de l'argent. Je croyais tout savoir sur l'humilité. Mais imaginez-vous à genoux, en train de nettoyer le vomi sur le tapis dans la salle d'attente des urgences. Vous levez la tête pour voir une vieille flamme se tenant dans le coin, berçant son nouveau bébé, qui se demande si c'est vraiment vous. Allez donc tester votre détecteur d'ego ainsi.

Ou alors, imaginez vous rencontrer votre ex, qui a presque réussi à tout vous enlever dans ce divorce hostile. Elle sort de la boutique de cadeaux avec un jouet en peluche trop cher alors que vous transpirez à porter deux sacs de déchets à la porte. L'un d'entre vous doit céder le passage. Vous devriez dire quelque chose, non ? Mais les principes que vous suivez insistent sur la civilité. Peut-être que retenir votre langue est le mieux que vous puissiez faire. Vous savez donc qu'il y a encore du travail à faire dans ce domaine.

Les dégâts que les autres font, c'est ce que je récolte dans mon travail. C'est pour ça que je suis payé. Et cela m'a appris à considérer le gâchis que les autres alcooliques font de leur vie comme une sorte de sécurité d'emploi.

Bien sûr, je pourrais composer une vie plus cinématographique. C'est facile. Donnez-moi salaire pour le travail d'écriture que j'aime – pas plus que ce que je gagne en tant que concierge. Je suis un homme humble après tout. Ou rendez-moi riche et célèbre, je m'en fiche. Laissez tout le reste exactement pareil : un mariage d'amour, des amis proches, des biens modestes, une bonne santé. C'est ce que je dis à Dieu quand je ressens du ressentiment à propos de ce que j'ai.

Mais lorsqu'une nouvelle journée d'abstinence se termine, je me demande : « Alors, est-ce que j'apprends encore ? ».

Oh, oui, en effet. Et j'avoue franchement que ce n'est pas tout à mon goût. Mais je vais aux réunions et je me souviens bien que, même si c'était crucial, devenir abstinent n'était pas à mon goût non plus.

On voit ainsi l'histoire différemment. Je remercie ma Puissance supérieure de m'avoir donné le temps et la détermination qu'il faut pour rester abstinent ; et aussi pour écrire ce prochain roman, celui qui va m'envoyer en haut de l'échelle. Il y a ce type d'âge moyen, vois-tu, que tout le monde a abandonné. Mais il a cette idée vraiment cool...

Vous voyez ce que je veux dire.

Ernest S.
York Harbor, Maine

La racine de nos problèmes
Décembre 1979

IL Y A BIEN DES ANNÉES, quand je n'étais qu'un petit garçon, rempli de curiosité, je suis allé voir mon père et je lui ai demandé comment était le paradis. Sagement, au lieu d'essayer de décrire quelque chose dont personne ne sait vraiment rien, il m'a posé cette question : « Supposons que tu sois dans la cuisine et que tu trouves le dernier morceau d'une tarte au chocolat. Que ferais-tu ? »

« Eh bien, j'adore la tarte au chocolat, » répondis-je, « alors je suppose que je le mangerais. »

« Mais si tu savais que ton frère n'avait pas eu un morceau ? »

J'étais piégé. Maintenant, je voyais où il voulait en venir, et ce n'était pas ce que je voulais entendre.

« Si tu étais au ciel, dit-il, tu garderais ce dernier morceau de tarte pour ton frère. C'est à ça que ressemble le paradis. C'est un monde où nous partageons et pensons aux besoins des autres avant de penser aux nôtres. »

Eh bien, j'ai décidé à ce moment-là que si c'était comme ça je ne voulais rien avoir à faire avec le paradis. Même si une partie de moi comprenait qu'il serait bon si un tel degré d'harmonie était possible, une autre partie de moi ne pouvait tout simplement pas abandonner ce dernier morceau de tarte. Rétrospectivement, je peux voir que j'ai passé énormément de temps et d'énergie à manipuler les gens, les lieux et les choses afin d'obtenir ce morceau de tarte. Il a fallu que l'alcool manque me détruire pour que je vois qu'après tout, je ne suivais pas la voie du bonheur.

Il n'y a pas si longtemps, lors d'une réunion de discussion des AA, mon parrain parlait d'égocentrisme. Il a cité le Gros Livre : « Égoïsme et égocentrisme, c'est là, croyons-nous, la source de nos problèmes. » Mon parrain a déclaré que nous avions probablement tous cette phrase soulignée dans nos Gros Livres. Je ne savais pas si je l'avais fait ou pas. Croyez-moi, quand je suis rentré chez moi ce soir-là, je l'ai cherché, et – quel soulagement ! – je l'avais aussi soulignée dans mon livre.

Mais à l'époque où je l'avais soulignée, sa signification réelle n'était pas claire pour moi. Bien sûr, je pouvais admettre qu'à l'occasion, j'avais été quelque peu égoïste – rester dehors toute la nuit, dépenser l'argent de l'épicerie pour de l'alcool – mais ce n'est que lorsque j'ai finalement pris le temps de faire mon inventaire de la Quatrième Étape que j'ai pu constater à quel point l'égoïsme avait contribué à mon échec dans la vie. C'était sur chaque page de mon inventaire. J'avais créé tout un univers centré autour de moi et ce que j'attendais de la vie. J'étais mon propre Dieu ; par conséquent, je n'avais vraiment pas de Dieu. Comme la vie était misérable quand je ne voyais le monde qu'à travers mes propres yeux ! Je n'arrivais pas à me confier aux autres, et ils étaient incapables de m'atteindre. La merveilleuse expérience de paix de l'esprit m'a échappé jusqu'à ce que je trouve le programme des Alcooliques anonymes. L'égoïsme est un poison pour mon système émotionnel. Cela frustre tous mes efforts pour une existence confortable et heureuse. Une terrible réaction en chaîne commence. La peur s'installe. La colère, le ressentiment et l'apitoiement sur soi deviennent mes forces directrices. Ma seule échappatoire est de mettre de côté ce terrible égoïsme et de m'impliquer dans le monde qui m'entoure.

Les Alcooliques anonymes sont la solution parfaite pour notre égoïsme. Ce programme nous donne un but et nous permet de visualiser quelque chose de beaucoup plus grand que nous. Nous travaillons quotidiennement avec d'autres personnes. Nous sommes obligés de nous impliquer dans les problèmes du nouveau venu. Par conséquent, nos propres problèmes pâlissent naturellement en comparaison. Lorsque je n'ai pas assisté à une réunion depuis un certain temps, le simple fait de parler à l'un de mes amis m'aide toujours.

Les réunions de discussion sont mes remèdes préférés pour réduire cette image agrandie que j'obtiens parfois de moi-même. Il y a un pouvoir magique qui se manifeste autour de ces tables. Je peux aller à une réunion tendu comme un tambour, et environ dix minutes après le début de la réunion, je commence invariablement à me sentir mieux. Quel que soit le problème, il est peut-être toujours là, mais mon attitude à son égard a changé. Parfois, le seul endroit sur terre qui me semble logique est une réunion des Alcooliques anonymes.

Mais les vieilles habitudes sont difficiles à briser. Parfois, je me surprends encore en train de dire quelque chose comme : « Pourquoi ça m'arrive à moi ? » ou « Qu'est-ce qu'il faut pour me rendre enfin heureux ? » Aveuglé par mon égoïsme, je perçois les choses de cette façon. Mais en vérité, je ne crois pas qu'il faille quoi que ce soit pour être heureux. C'est un travail intérieur, quelque chose que je choisis, ou refuse de choisir, pour moi-même. Les circonstances extérieures à moi n'ont rien à voir avec cela.

Chaque fois que j'ai l'impression que la vie ne me traite pas bien et que tout est contre moi, j'essaie à nouveau de jouer à Dieu. Plus je reste dans ce programme, plus je suis convaincu que je n'ai aucune idée de ce qui est le mieux pour moi. Qui aurait imaginé que devenir alcoolique serait quelque chose dont on pourrait être reconnaissant ? Mais je le suis. Si je n'étais pas devenu alcoolique, je n'aurais jamais trouvé ce mode de vie que j'ai toujours voulu si désespérément. Mon abandon à l'alcoolisme était nécessaire pour ouvrir mon cœur et mon esprit à l'amour guérisseur de Dieu.

Lorsque je me suis joint aux Alcooliques anonymes, vous m'avez dit que si je marchais avec vous, je serais un homme libre ; que je n'aurais plus jamais à boire si je ne faisais que suivre ces simples douze étapes. Mais vous m'avez dit que pour garder ce que j'avais trouvé, je devais le donner. Je devrais travailler avec les autres, et faire passer leurs besoins avant les miens. Parfois, je n'en ai pas envie. Je reste une personne très égoïste. Mais je sais que si je veux rester abstinent et libre, ce sont les choses que je dois faire. « Avant tout, nous, alcooliques, devons nous débarrasser de cet égoïsme. Il le faut, ou il nous tue ! »

Je sais que ma vie n'est plus la mienne. Ma vie est maintenant entre les mains d'un « nouvel employeur ». Même si je me plains encore de temps en temps des conditions de travail et que j'ai parfois du mal à m'entendre avec mes collègues, c'est une grande amélioration par rapport à l'époque où c'était moi qui menais. Bien que je tienne parfois ma sobriété pour acquise, je n'en suis jamais imbue .

Aujourd'hui, je ne sais toujours pas grand-chose sur le paradis, mais j'ai appris de précieuses leçons sur la vie sur terre. Pendant tant d'années, j'avais toujours cru que l'important était de pouvoir attirer l'attention des autres sur moi. Je sentais que je devais avoir cette attention afin d'établir ma valeur personnelle. C'était mon seul moyen de sécurité. Aujourd'hui, je sais que le contraire est vrai. Le vrai don de l'amour est de pouvoir le donner aux autres. La capacité d'aimer ne peut jamais m'être enlevée, sauf par moi-même. Quand je peux m'effacer assez pour aimer un autre être humain, c'est le meilleur sentiment au monde. Je suppose qu'on peut dire que c'est paradisiaque, comme mon père l'a décrit il y a de nombreuses années.

B.S.
Dallas, Texas

Prête, disposée, et presque capable
Avril 2000

DANS MA DEUXIÈME ANNÉE d'abstinence, ma marraine m'a suggéré de retourner au karaté. C'était un bon moyen de gagner en humilité. L'idée de revenir au karaté à 40 ans, une discipline que j'avais commencée à 24 ans, était intéressante. Après tout, j'avais déjà gagné ma ceinture marron quand j'étais encore une alcoolique active. En fait, j'avais fait beaucoup de choses pendant que j'étais encore active, y compris terminer ma maîtrise, travailler pour moi-même, fumer deux paquets de cigarettes par jour et rester dans une relation sans issue.

Pendant que j'étudiais le karaté, j'ai obtenu la quatrième des cinq ceintures en trois ans. Pendant ce temps, j'ai appris plus que du karaté : j'ai aussi appris ce que c'était que d'avoir sa place, et j'ai acquis un sentiment d'identité et de confiance, tout en étant en sécurité.

Dans la plupart des classes de karaté, les gens sont assis dans une longue rangée à travers le studio (ou « dojo ») et sont assis dans l'ordre de leur couleur de ceinture : les débutants (les « ceintures blanches ») sont d'un côté de la salle, et les étudiants avancés (« ceintures marron » ou « ceintures noires ») sont de l'autre côté. Les couleurs de niveaux dans les différents arts martiaux varient et dans notre école, elles étaient comme suit : blanc, orange, bleu, violet, marron et noir. Quand j'ai quitté le karaté (à l'âge de 27 ans), j'avais gagné ma ceinture marron et j'étais assise du côté avancé du dojo.

J'ai recommencé quand j'avais 35 ans. Ma professeur de karaté m'a accueillie à bras ouverts et m'a présentée à tout le monde, puisque j'étais son élève depuis tant d'années. Je n'avais pas le droit de porter ma ceinture de couleur, parce que je ne m'étais pas entraînée depuis sept ans. Néanmoins, mon professeur m'a assise parmi les autres ceintures marron. Après quelques mois, je me sentais prête à porter ma ceinture. Cependant, mon professeur n'était pas du même avis et croyais que je devrais m'entraîner encore quelques mois avant de la porter. Je trouvais ça injuste, alors je le lui ai montré et j'ai démissionné.

Heureusement pour moi, je suis devenue abstinente deux ans plus tard et j'ai commencé à reprendre ma vie en main. Ce qui m'a fait toucher le fond, c'est « d'avoir été victime en tant que piéton » dans un accident avec délit de fuite dans une partie déserte de la ville où je vis. C'est arrivé pendant une panne d'électricité. J'avais peur et je ne me suis jamais sentie aussi peu en sécurité. Lors de ma première réunion des AA, j'ai entendu le type à l'avant de la salle dire : « Asseyez-vous et détendez-vous ; vous êtes dans un endroit sûr ». Je me sentais en sécurité. Il y a tellement de réunions à New York ; j'en ai visité beaucoup, mais cette réunion est toujours mon groupe d'attache, cinq ans plus tard.

Au cours de ma première année, j'ai rencontré ma marraine. C'est une femme avec tant de grâce et d'humilité, cela m'étonne encore. J'ai commencé à travailler les Étapes avec elle. Mes Quatrième et Cinquième Étapes se concentraient beaucoup sur les ressentiments de l'enfance – et infantiles – y compris, en haut de la liste, un ressentiment contre mon professeur de karaté pour ne pas m'avoir promue aussi vite que je le méritais (dans mon esprit). Ma marraine m'a rappelé d'inclure des avantages dans cette Quatrième Étape, et vers la fin de cette longue liste était une chronique de deux pages sur la façon dont ce même professeur de karaté m'a donné de la force, de la confiance et un sentiment d'identité, à un moment de ma vie où j'avais très peu de soutien émotif.

Alors, j'étais là, à 40 ans, prête à reprendre le karaté. Mon enseignante était heureuse de me revoir et m'a présentée à ses autres élèves, rayonnante – n'était-ce pas merveilleux d'avoir été son élève des années plus tôt et n'était-ce pas génial que je sois de retour ? Quand, exactement, cette humilité que ma marraine voulait pour moi était-elle censée m'arriver ? J'ai eu ma réponse dix minutes plus tard, lorsque tous les élèves sont allés s'assoir. Je ne portais pas ma ceinture marron – après tout, j'étais « humble ». Quand je me suis dirigée vers le côté avancé de la salle, le professeur m'a gentiment dit que je devais m'assoir avec les débutants et ne pas porter de ceinture. Je me suis dit : « C'est différent de la dernière fois. C'est aussi difficile, mais je peux certainement m'assoir ici pendant quelques mois, jusqu'à ce qu'on me permette de porter à nouveau ma ceinture et de m'assoir avec les étudiants avancés ».

Je n'ai pas porté de ceinture et je me suis assise avec les ceintures blanches pendant onze mois. Ce qui m'a étonnée, c'est qu'après les trois ou quatre premiers mois, j'ai commencé à accepter que j'étais, en effet, au bon endroit. Cette fois, je n'étais pas prête à porter ma ceinture. J'étais prête à attendre. Mais j'apprenais encore le karaté, je me sentais encore plus forte, et je ressentais toujours la spiritualité qui coulait dans cette pièce. La différence cette fois-ci, c'est que j'avais accepté que si je n'avais pas le droit de m'assoir avec les ceintures marron, cela ne signifiait pas pour autant que je ne méritais pas d'être de retour en classe de karaté. J'ignorais cela quand j'étais active. En y repensant, c'est bien trop évident quand je repense à ma hâte d'abandonner le karaté la deuxième fois, même si j'aimais cette classe, cette école et ce professeur.

C'était le cadeau de l'humilité, tiré des Douze Étapes, que j'avais amené dans mon école de karaté. Les deux seuls endroits vraiment sûrs que j'ai trouvés dans ma vie étaient mes cours de karaté et les réunions AA. Et maintenant, AA m'a rendu le karaté, parce qu'après un an, mon professeur de karaté m'a donné une nouvelle ceinture marron et m'a dit que j'avais gagné le droit de la porter.

L'école a fermé un mois après que j'aie reçu cette nouvelle ceinture marron, et mon professeur de karaté a pris sa retraite. Si je n'étais pas retournée à l'école quand je l'ai fait, j'aurais peut-être manqué cette occasion d'apprendre le peu d'humilité qui m'a été offert (oui, et la ceinture marron aussi : le progrès, non pas la perfection).

De toutes les choses qui m'étaient arrivées pendant mon abstinence, la fermeture de l'école m'a rendue le plus triste. Me sentant si malheureuse, mais n'en parlant pas, j'ai finalement éclaté en larmes lors d'une réunion des AA et j'ai dit que je n'avais plus d'école de karaté, qu'elle m'avait fourni un refuge si sûr et qu'elle avait disparu. Je ne me suis pas demandé si c'était approprié ou non pour AA, mais je pensais que c'était sans importance, parce que personne ne saurait vraiment de quoi je parlais de toute façon. L'important était de me rappeler que je n'avais pas à boire à cause de cela. Cependant, après la réunion, un membre des AA m'a parlé de sa propre école de karaté. Je suis allée la voir. Les gens de l'accueil m'ont remis une brochure d'introduction, expliquant que l'étude du karaté à leur école ne se concentrait pas simplement sur les aspects physiques du karaté, mais se concentrait également sur les aspects émotifs et spirituels. Cela m'a semblé très familier.

Je me suis inscrite à cette école et j'ai expliqué que, même si j'avais appris un type de karaté légèrement différent, j'avais, après tout, gagné ma ceinture marron ; j'espérais qu'ils allaient en tenir compte. Ils m'ont dit que c'était très bien, et m'ont donné mon uniforme – complété de sa ceinture blanche pour débutants.

Elizabeth B.
Manhattan, New York

Pensées sur la Septième Étape*
Août 1955

D E NOMBREUSES FOIS au cours de mes sept années d'abstinence chez les AA, j'ai reconnu un défaut de caractère, j'ai demandé à Dieu de l'enlever et Il ne l'a pas fait. J'ai demandé pourquoi, et pour toute réponse, j'ai été incité à examiner de plus en plus attentivement la Septième Étape. C'est là que je trouve le mot crucial : « humblement ». Si je veux vraiment supprimer un défaut, je dois demander humblement, c'est-à-dire dans l'humilité.

Qu'est-ce que l'humilité ? C'est devenu l'un des mots vraiment essentiels de mon nouveau vocabulaire AA, mais qu'est-ce que cela signifie exactement ?

Pendant ma première année ou presque, l'humilité pour moi était synonyme d'une absence d'orgueil. « Tu dois réduire ta façon de te voir », a fait remarquer un vieil homme, et j'en ai fait du ressentiment. Malgré mes protestations, j'ai eu le pressentiment qu'il avait raison, et cela s'est vite transformé en conviction. Obtenir l'humilité allait être un processus laborieux, une entreprise difficile, sombre et chaotique pour me débarrasser de mon orgueil.

Il me fallait changer ma façon de vivre et de penser. Toute ma vie, j'avais pensé que ne pas avoir d'orgueil était méprisable. Le plus fort de tous les plaidoyers au sujet de ma consommation d'alcool (et finalement le moins efficace) était : « N'avez-vous pas d'orgueil ? » Fierté de soi et de la famille, de l'école, de l'entreprise ou de l'affiliation professionnelle, des contacts sociaux et fraternels, des parents, des enfants et des amoureux, des préjugés et de la localité, des possessions et des tribus physiques, de la nationalité, du quotient intellectuel et de la croyance – un monde rempli de fierté m'avait encouragé à considérer cela comme les valeurs les plus élevées. Et tout à coup on me disait qu'il s'agissait d'un excédent de bagages, qu'il fallait s'en débarrasser et être « réduit ».

Le travail a été lent et, même tout ce temps après, il ne fait que commencer. Parfois, je m'en suis lassé, et me je suis demandé avec irritation ce que cela avait à voir avec le fait de rester abstinent au jour le jour. Mais à mesure que la vérité de l'humilité s'ancrait de plus en plus profondément en moi, je voyais de plus en plus clairement ce qu'elle avait à voir avec la sobriété. Chaque fois qu'on touchait l'un de mes orgueils innombrables, j'éprouvais du ressentiment. Et le ressentiment orgueilleux, nous enseignent les siècles accumulés de sobriété collective des AA, est un prélude presque certain à une rechute.

Le premier à me quitter, l'un des plus difficiles de tous, était la fierté d'être le chef de famille, le grand patron de la maison, le soutien de famille. Pendant tout le temps de ma consommation d'alcool, j'étais « fier » – littéralement – d'être un pourvoyeur constant. Je ne perdais pas une occasion d'aborder le sujet, sonnant la trompette et le cornet et le battant en morse sur les tam-tams. J'étais un sacré bon pourvoyeur : que tout le monde s'en rende compte et rende hommage.

Comme c'est souvent le cas, les circonstances m'ont aidé à me débarrasser de cet orgueil. Au cours de la même année, l'industrie que j'ai servie pendant 20 ans m'a fait perdre mon emploi, et ma femme depuis 15 ans, par la force de la loi, m'a écarté de mon poste de chef de famille. Et maintenant, j'étais abstinent ! J'avais le choix. J'aurais pu m'accrocher à mon orgueil et entrer dans une guerre féroce pour regagner le prestige perdu. Le Gros Livre m'a mis en garde contre ce chemin : « Les crises et l'irritabilité ne sont pas pour nous. »

Je pouvais demander « humblement » que mes défauts soient supprimés. De cette façon, je devrais accepter avec bonté le fait que ma famille et ma profession aillent parfaitement bien sans moi. Je n'étais pas aussi important que, je l'avais pensé pendant tout ce temps. S'ils ne voulaient pas de moi, je ne pouvais plus, comme autrefois, les intimider pour les mettre en rang. Je n'avais qu'à les laisser partir et chercher une autre compagnie – la compagnie des AA.

Avant que le procéssus de réduction vers l'humilité ne soit terminé – ou peut-être devrais-je dire avant qu'il ne cesse d'être prédominant, car je doute qu'il ne se termine jamais complètement – sous la roue des AA, le diamant brut de ma prétention s'était adouci, ou du moins, il était un peu plus lisse. Toute forme de fierté « historique » - physique ou mentale, sociale ou ethnique, professionnelle ou géographique – avait tendance à se faner devant le fait, clairement démontré à chaque réunion, que les hommes et les femmes complètement dépourvus de ces attributs autrefois importants, possédaient quelque chose d'une valeur incalculablement plus grande pour moi. Ils savaient comment vivre, et sobrement. Plus j'étais humblement disposé à les écouter et à apprendre d'eux, plus je gagnais (car de rien du tout à un petit peu est néanmoins un gain) en humilité.

« Pour qui te prends-tu ? »

Cette question directe a le pouvoir de me ramener à une notion plus saine de mes relations avec l'univers et avec les autres, chaque fois que je me la pose sérieusement. Elle m'aide à comprendre ma « taille ». Qui suis-je ? Je suis l'un des deux milliards cinq cent millions de personnes qui essaient actuellement d'exister sur la planète. Je suppose que je n'ai pas beaucoup plus de valeur pour le Créateur que n'importe lequel des autres.

Néanmoins, Il m'a accordé des faveurs très spéciales. Je ne devrais plus vraiment être ici. Je suis ici en sursis, en probation. Car je suis alcoolique, jouissant de l'arrêt d'une maladie mortelle. Cela ne me donne certainement pas le droit de bousculer les gens, de m'énerver avec eux ou de leur reprocher de ne pas être autre chose que ce qu'ils sont. Mon attitude correcte, que les AA ont essayé de m'enseigner, est une attitude de reconnaissance simple parce que je suis toujours là. Je pourrais peut-être même montrer un peu d'appréciation pour cette circonstance, en termes de serviabilité. Quand je pense ainsi, j'ai l'impression d'être à peu près de la bonne taille, et je suis plus à l'aise.

Les jours se sont transformés en années, et je me suis rendu compte qu'il y a un autre aspect plus merveilleux de l'humilité que celui négatif de se débarrasser de l'orgueil. C'est une erreur de considérer la recherche de l'humilité comme la destruction d'une coquille d'orgueil. Quand un poussin naît, l'événement principal est l'arrivée sur terre d'une nouvelle vie. Dans l'excitation de ce fait, l'écrasement de la coquille est presque oublié. Je pense que nos efforts pour apprendre à demander humblement, c'est-à-dire pour atteindre l'humilité, peuvent ressembler à cela. Certes, il y a eu une période de l'éclosion où, du point de vue du poussin, la vie doit sembler un interminable picorement d'une coquille presque impénétrable. Mais finalement elle se casse, et il est libre.

Ne serait-ce pas un peu comme ça avec nous ? Ces dernières années, j'ai ressenti indubitablement en moi l'agitation d'une vie nouvelle, plus fine et entièrement différente. Les possibilités d'action au sein de cet univers se sont ouvertes... des possibilités dont je n'avais jamais rêvé auparavant. Ne pouvons-nous pas, nous aussi, connaître une nouvelle liberté une fois que nous sommes sortis de nos coquilles de peurs et d'idées fixes, de préjugés et d'orgueil ?

La Septième Étape sera toujours pour moi l'étape de l'humilité. Mais l'humilité signifie une petite chose différente pour moi, en tant que membre plus âgé, que lorsque j'étais tout neuf. Il ne s'agit plus seulement de briser sa coquille ; la nouvelle vie prend son cours.

Au cours de la Septième Étape, une récompense inattendue est versée à celui qui s'applique. Lorsque nous le demandons vraiment, comme le suggère l'Étape, « humblement », notre principal défaut de caractère, l'orgueil, est déjà en voie d'être enlevé.

J. E.
Bronxville, New York
*À l'origine, cet article a été publié sans titre, dans le cadre d'une série intitulée « Les Douze étapes et le vieux membre »

Ça marche au travail
Juin 2000

U N AVANT-MIDI FRUSTRANT au travail m'a conduite à une réunion du midi des AA où j'ai été appelée à partager. Je me suis déchargée de ma frustration : je travaillais avec des gens qui ne s'occupent que d'eux-mêmes. Un collègue m'avait (je pensais) intentionnellement induite en erreur sur le lieu d'une réunion d'affaires où, en tant que stagiaire, je devais l'observer comme facilitateur. Je pensais que c'était ma chance, et il semblait avoir l'intention de m'écarter du devant de la scène. Après quatre années d'études collégiales et d'abstinence, j'avais récolté un diplôme inachevé et un titre de commis. Peu importe à quel point je travaillais dur, rien ne semblait faire la différence ni dans mon revenu ni dans mon titre. J'étais ambitieuse et acharnée au travail, mais sans direction. J'ai demandé à plusieurs reprises à ma marraine quand je saurais quelle direction il me fallait prendre au travail. Sa réponse a toujours été : « Il suffit de se présenter et de rendre service. »

Après avoir fini de pleurnicher, j'ai rencontré Joe D. Il m'a regardée et m'a dit : « Debbie, personne n'était plus heureux que moi que tu aies travaillé les Étapes. Pourquoi n'essaies-tu pas de travailler les Traditions ? Commence par la première. »

On m'a expliqué que, pour faire passer notre bien-être commun en premier, il me fallait passer en second. La Première Tradition signifiait « se mettre à l'écart et travailler pour le plus grand bien ». Ce n'était pas ce que je m'attendais à entendre, mais j'étais à court d'idées et j'étais prête à essayer de faire les choses différemment.

Il ne m'a pas fallu longtemps pour comprendre que pour considérer le bien-être commun de mon groupe de travail, je devais être prête à abandonner mes ressentiments envers mes collègues. Il me fallait reconnaître mon rôle dans la situation. J'avais conscience à ce moment-là que les gens ne m'évitaient pas sans raison valable. Je me suis souvenue qu'à quelques reprises, lors d'une réunion dirigée par mon collègue, j'avais émis à ses dépens certains commentaires sarcastiques, mais amusants. Le groupe avait ri, mais je me suis souvenue du regard dans ses yeux. Pas étonnant qu'il m'évitait ! Il ne pouvait pas contrôler ce qui sortait de ma bouche.

J'ai dû réparer ma relation avec lui et je l'ai fait en lui disant que j'étais à la fois consciente et désolée pour ce que j'avais fait et qu'à l'avenir, je ferais tous les efforts possibles pour le soutenir plutôt que de l'embarrasser. Je lui ai demandé s'il y avait quelque chose que je pouvais faire pour lui rendre service. Il n'a pas sauté sur mon offre.

Quelques semaines plus tard, j'ai vu une occasion de rendre service, et je lui ai demandé s'il aimerait que je l'aide à la conception d'un plan de présentation pour le cours de formation qu'il préparait. Il s'agissait d'un projet important auquel il avait consacré beaucoup de temps et d'efforts. Il a accepté mon offre. Cette fois, j'avais un motif différent : concevoir pour répondre aux besoins du présentateur et du public au lieu de mon propre désir d'être mieux rémunérée ou de récolter des éloges. Au fur et à mesure que le design a commencé à prendre forme, mon attitude à l'égard de mon travail a changé. J'ai commencé à éprouver la vraie satisfaction d'être un travailleur parmi les travailleurs.

J'ai trouvé l'occasion d'aider à faire quelque chose qui encourageait la confiance plutôt que la panique chez les présentateurs. J'ai même trouvé des occasions d'introduire de l'humour dans la présentation. Pas le genre méchant qui fait mal, mais le genre spirituel qui met les gens à l'aise.

La semaine précédant le grand événement, mon collègue m'a demandé de l'accompagner parce que, comme il l'a dit, « je serai plus confiant si je sais que tu es là pour m'aider si quelque chose ne va pas avec la présentation ». Imaginez un peu !

En travaillant la Première Tradition au meilleur de mes capacités, j'ai remarqué un sentiment de bien-être au travail et un intérêt accru pour les autres. Il ne m'était jamais venu à l'esprit que les résultats du travail des Traditions pourraient être les mêmes que ceux du travail des Étapes.

Et l'effet de la Première Tradition continue de m'étonner. Quelques mois après le grand événement, l'épouse de mon collègue de travail est entrée pour la première fois dans le mouvement des AA. J'ai ressenti à la fois du soulagement, de la gratitude et de l'admiration devant le pouvoir du programme des AA lorsque j'ai réalisé que mon comportement à l'extérieur des AA pouvait affecter, positivement ou négativement, un nouveau venu qui n'avait pas encore passé nos portes. Qu'auraient-ils pensé de ce programme si je n'avais pas régularisé ma relation et travaillé à la Première Tradition ? Dieu merci, nous ne le saurons jamais parce que la femme de mon collègue a aimé ce qu'elle a vu, a voulu ce que nous avions et vient de célébrer deux ans d'abstinence. J'ai le privilège d'être sa marraine.

Qu'en est-il de ma carrière et du titre que j'avais tellement hâte d'obtenir ? Il n'est pas surprenant pour moi que mon travail actuel consiste à identifier les besoins des organisations et à concevoir des systèmes d'information qui répondent à ces besoins. Quant à mon titre d'emploi, il changera probablement lorsque j'aurai obtenu mon diplôme, quelque part, vers juin 2001. Imaginez un peu !

Debra M.
Richland, Washington

Un simple programme
Juillet 1980

AUTOUR DES TABLES, lentement et avec amour, mes professeurs AA ont fait des merveilles avec et pour moi. Grâce aux AA, il y a longtemps que la dépression m'a quittée. C'est un merveilleux défaut de caractère à perdre ! Alors que les jours passent joyeusement, avec ou sans problèmes, le programme des AA ne cesse de m'apporter du renouveau et de me ravir.

Au début de mon abstinence, je trouvais que la « déflation en profondeur de l'ego » était un but pour lequel il me faudrait lutter, peut-être aussi longtemps que je respirerais. Partout où je me tournais dans les Étapes, j'étais confronté à mon orgueil. J'ai dû me battre – et continuer à me battre – pour quitter le centre de l'univers. Je n'ai pas laissé ce combat interférer avec la beauté de vivre dans la sobriété. Il me permet plutôt de rester constamment conscient de l'importance d'assister régulièrement et fréquemment aux réunions.

Côté déflation, je me suis rendu compte l'autre jour que j'avais fait des progrès. Je n'ai plus besoin de compter les étoiles la nuit pour m'assurer qu'elles sont toutes là et à leur place. Il en va de même pour la surveillance des marées, des levers de soleil et de l'écoulement des rivières de part et d'autre de la ligne de partage des eaux, ainsi que de nombreuses autres tâches dont j'ai été relevé.

N'étant plus concerné par ces détails, j'ai maintenant la latitude de travailler sur des sujets plus personnels comme le mensonge, la procrastination, l'indécision, la luxure, le remords, la culpabilité, et ainsi de suite. Par conséquent, ma qualité de vie ne cesse de s'améliorer. Je passe chaque jour en sachant que – et même si je n'ai plus beaucoup de temps à consacrer en dehors des réunions, des appels de Douzième Étape, des obligations familiales, etc. – d'une façon ou d'une autre, l'univers est pris en charge. Quel soulagement on peut obtenir de ce simple programme !

Anonyme

Un programme d'action

« Il est facile de commencer à négliger le programme spirituel et de se reposer sur ses lauriers. Si nous le faisons, nous nous préparons de sérieux ennuis, car l'alcool est un ennemi subtil. Nous ne sommes pas guéris de l'alcoolisme ; nous bénéficions seulement d'un sursis quotidien, lequel dépend du maintien de notre forme spirituelle. »
- Les Alcooliques Anonymes, p. 96

Dire que AA est un programme d'action c'est en quelques sortes dire que c'est un programme de solutions. Bien sûr, nous avons des problèmes – tous les êtres humains en ont – mais on nous a donné une trousse d'outils pratiques pour nous aider à rester sobres face à toutes sortes de défis. Nous agissons en allant aux réunions et en rendant service, en mettant les Étapes en pratique dans notre vie, en tendant la main aux autres membres des AA, en réparant les relations avec notre famille et nos amis, et en nous connectant avec une puissance supérieure telle que nous la concevons. De cette façon, nous commençons à chercher des solutions plutôt que de nous concentrer sur les problèmes et nous découvrons que nous pouvons vivre dans le monde en paix, avec un but positif.

Les bancs de la sobriété
Septembre 1991

QUAND JE SUIS ARRIVÉ aux Huitième et Neuvième Étapes, j'ai découvert que j'avais une réparation inhabituelle à faire. J'avais besoin de faire amende honorable à toute la ville où j'ai grandi, pour divers actes de délinquance juvénile. Il n'y avait aucun moyen de trouver les pompiers, les policiers ou les citoyens que j'avais pu blesser ou importuner 20 ans auparavant. Mais je voulais quand même me racheter d'une façon ou d'une autre.

J'ai d'abord essayé d'écrire une lettre au journal local, décrivant mes transgressions du passé et déclarant que je voulais m'excuser auprès de la ville. Le rédacteur en chef a refusé de publier ma lettre, disant qu'elle pourrait en fait encourager d'autres jeunes à mal se comporter.

J'ai donc confié le tout à ma Puissance supérieure et j'ai continué à vivre dans la sobriété.

Un jour, après environ un an dans le programme, je me suis assis sur un banc de parc pour me reposer. Il m'est venu à l'esprit que quelqu'un devrait peindre ce banc, l'embellir. J'ai pensé à le faire moi-même, mais j'ai réalisé que j'aurais besoin d'un sac plein d'outils, en plus de la peinture, pour faire un bon travail. C'était trop pour moi. Alors je l'ai confié à ma Puissance supérieure.

Une autre année s'est écoulée. Je me suis assis sur un autre banc dans un autre parc et j'ai pensé : « Quelqu'un devrait peindre ce banc ! ». J'ai réalisé qu'au cours de l'année précédente, j'avais acquis la plupart des outils dont j'aurais besoin. Il ne me restait plus qu'à acheter de la peinture et des pinceaux.

J'ai acheté les fournitures nécessaires, j'ai rassemblé mes outils, je les ai tous mis dans un grand sac à provisions. J'ai commencé à peindre des bancs de parc. Je l'ai pris un jour à la fois, en peignant un banc à la fois.

Pendant trois ans, j'ai peint une trentaine de bancs dans trois parcs. Certains des bancs étaient plus utilisés que les autres et ceux-là, je les ai peints deux fois. J'ai utilisé une râpe pour lisser les bords et du papier de verre pour lisser la surface rugueuse des planches usées par les intempéries pour que la peinture adhère mieux. J'ai mis une couche d'apprêt et, un autre jour, une couche de finition. Il fallait environ quatre heures de travail en tout pour faire un banc.

Je tiens à dire que j'ai apprécié le travail. Ce n'était pas une corvée pour moi. J'étais à l'extérieur, dans les parcs, au soleil et dans le vent, à écouter les oiseaux, à observer les écureuils et parfois à interagir avec les gens dans le parc.

Je n'ai jamais dit à personne, en dehors des AA, que je faisais ça pour me racheter. J'ai juste dit qu'il fallait le faire et j'ai aimé le faire. Certaines personnes m'ont demandé s'il s'agissait d'un service communautaire ordonné par le tribunal, et j'ai répondu : « Non, je ne suis qu'un bénévole. »

Puis vint un jour, après environ trois ans, où j'ai senti que j'avais terminé. J'avais fait amende honorable à la ville. Je n'avais plus à le faire.

Plusieurs années se sont écoulées. J'utilise toujours ces bancs pour m'assoir et me reposer. Il m'arrive de voir un banc qui a besoin d'être peint et je me souviens du travail que j'ai fait. Mais je ne le fais plus. Maintenant, c'est la ville qui le fait.

Si vous n'arrivez pas à vous racheter, remettez le problème à votre Puissance supérieure. Avec le temps, il y aura une réponse, il y aura un moyen.

Jack A.
Montclair, New Jersey

Décrocheur
Septembre 1977

C'ÉTAIT L'ÉTÉ, et j'étais allongé sur une chaise longue dans ma cour arrière. À quelques centaines de mètres, les membres de mon groupe d'attache entraient, très animés, dans la salle de réunion des AA.

J'ai ressenti un pincement de culpabilité. J'essayais d'éviter, pour la énième fois, d'assister à cette scène heureuse dont j'aurais dû faire partie. Une vague de nostalgie m'a suggéré de rejoindre mes collègues AA, mais elle est rapidement retombée.

Quinze ans auparavant, j'avais eu le privilège d'être membre fondateur de ce groupe, le plus merveilleux de tous les groupes. (Le groupe d'attache de tout le monde n'est-il pas le plus merveilleux?) Maintenant, je jouais à la roulette russe avec ma sobriété. Je n'avais pas été un membre actif de mon groupe depuis plus de trois ans et j'avais presque complètement arrêté d'aller aux réunions.

J'atais devenu ingrat, complaisant et irresponsable. Comme c'est rapide!

« Dois-je continuer à aller à toutes ces réunions, après tant d'années d'abstinence? » me suis-je demandé. Je pensais avoir atteint un point de saturation dans l'apprentissage de l'abstinence. On passe ainsi si rapidement de deux réunions, à une, puis à zéro, lorsque notre pensée est déformée par l'ingratitude.

Je suis devenu un décrocheur AA, pointant du doigt avec optimisme ceux qui restent sobres tout seuls. Mais, comme nous ne le savons que trop bien, ceux qui le font seuls n'ont jamais connu le monde merveilleux des AA, et ne connaissent pas le manque que l'on ressent, comme ça été mon cas.

Je consacrais maintenant une grande partie de mon temps à

d'autres activités. Elles étaient précieuses en elles-mêmes, mais elles me dissociaient de mes activités AA, qui se résumaient à des conférences, des petits déjeuners et des retraites, mais pas de réunions régulières. Bientôt, il y a eu une résurgence de l'ego, un sentiment que je n'avais plus besoin des AA. J'étais reconnaissant – oh oui – mais maintenant je le ferais seul.

Les défauts de caractère ont commencé à réapparaître. Certaines de mes actions sont devenues atrocement embarrassantes. Quand vous faites un trou dans un mur et que vous êtes sobre, comment l'expliquez-vous ? Une conscience coupable, peut-être ? Et lorsque vous couvrez les dommages avec une Prière de la Sérénité d'une couverture de Grapevine, vous devez retourner à la Deuxième Étape.

Inutile de dire que je marchais sur de la glace fragile. Conscient de cela, j'ai accéléré ma participation à des évènements spéciaux des AA (bien que je ne participais toujours pas à des réunions régulières). J'avais peur d'étirer trop loin mon cordon ombilical de sécurité AA. Les évènements spéciaux dans les AA ont définitivement leur place. C'est la réponse pour l'alcoolique qui vient de dessoûler et qui demande : « Qu'est-ce que je vais faire de tout ce temps que j'ai en mains ? » Mais la réunion, c'est le cœur, et votre groupe d'attache est la plaque tournante de tout votre programme d'action AA.

En quinze ans de sobriété, on se fait beaucoup d'amis et de connaissances AA, et je renouvelais ces amitiés sporadiquement en assistant aux évènements spéciaux. La chaleur des amitiés de longue date s'était un peu refroidie. Les membres des AA, les meilleurs et les associés les plus dévoués que j'aie jamais connus, étaient polis et sympathiques. Pourtant, je pensais détecter une distanciation, non pas intentionnelle, j'en suis sûr, mais perceptible. Elle s'est glissée dans nos relations au cours de mon absentéisme aux réunions régulières.

Bref, mon programme AA était en crise. Puis un jour, j'ai rencontré un ami qui m'a invité à venir à nouveau aux réunions. J'étais intimidé, en un sens ; c'était un ancien joueur de football professionnel, un joueur de 1 mètre 93 et 115 kg. Je l'ai remercié pour l'invitation, j'ai trouvé des excuses pour mettre fin à la confrontation et je lui ai promis que j'y réfléchirais (belle affaire !).

Après de longues délibérations cette nuit-là, je me suis finalement dirigé vers la réunion. Prendre cette décision, c'était comme briser un mur de briques. Il semble que les alcooliques sont toujours en train de percer des murs, d'une façon ou d'une autre.

En arrivant à la salle de réunion, j'ai hésité dehors. Mes émotions étaient semblables à celles que j'ai éprouvées le soir de mon introduction aux AA. Il a fallu un certain temps avant que je puisse me sentir à ma place dans cette réunion, et plusieurs semaines se sont écoulées avant que j'aie le courage de franchir la barrière et d'assister à nouveau à mon groupe d'attache.

Mes blocages mentaux étaient injustifiés. Les membres du groupe où mon parrain-via-invitation servait de secrétaire, ainsi que les membres de mon groupe d'attache, étaient heureux de m'accueillir à mon retour. J'ai donc entrepris une autre quête d'abstinence continue (comme je suis reconnaissant qu'elle n'ait pas été interrompue !), avec la ferme résolution de ne plus jamais prendre un congé des AA.

Plus de trois ans se sont écoulés depuis mon retour aux AA, et je n'ai jamais été aussi heureux dans les Alcooliques anonymes. Je crois fermement que notre bonheur dans ce programme est à la mesure de notre activité ou de notre manque d'activité. Je vais à au moins trois réunions par semaine. J'ai eu le privilège de parrainer un homme peu après mon retour à l'activité. Je suis certain que j'aurais dû le diriger vers quelqu'un d'autre si je n'avais pas repris le programme comme il se doit.

Ensemble, ma Puissance supérieure et moi avons aidé Clay à mener une carrière active d'abstinence sans faille. Il a fait un excellent travail, non seulement avec son propre programme, mais aussi en aidant les autres, et c'est le but du jeu.

Il m'est arrivé beaucoup de choses merveilleuses depuis mon rajeunissement AA. J'ai eu le privilège d'être secrétaire d'un nouveau groupe, un président de groupe souvent, et plusieurs fois co-parrain. Le parrainage, je pense, est notre plus grand cadeau. Voir une famille réhabilitée, les enfants souriants à nouveau, tout cela en vaut la peine.

Je continue mes autres activités AA, les événements spéciaux, mais je les reconnais maintenant pour ce qu'ils sont – la sauce, pas la viande.

S'il y avait un symptôme majeur qui a conduit à mon inactivité et à ma quasi tragédie, c'était une perte de gratitude. J'ai oublié d'être reconnaissant pour le merveilleux cadeau de la sobriété, oubliant aussi que l'une des meilleures façons d'exprimer cette gratitude est de transmettre le message. Le fait d'être régulièrement sur la scène AA nous assure une occasion de remplir notre mandat d'aider les alcooliques qui souffrent.

E. B.
Newbury, Ohio

Pensez petit
Mars 1979

JE PENSE QUE JE VIENS tout juste d'apprendre quelque chose sur l'humilité. Ce curieux mot me dérange depuis que je suis arrivée chez les AA, il y a un peu plus d'un an. Un ancien a dit, lors d'une réunion, que pour lui, l'humilité était la vérité, et je viens de découvrir des vérités sur moi-même qui me rendent humble et me donnent un grand sentiment de liberté.

Ces dernières semaines, mes pensées ont été plutôt négatives. J'ai essayé d'être à la hauteur de mes propres normes impossibles, et je m'apitoyais sur mon sort parce que je n'y parvenais pas. Mais il semble parfois nécessaire de penser négatif pour arriver au positif.

Je suis consciente, par exemple, que je ne suis pas et n'ai jamais été une cuisinière hors-pair ; mais avec l'aide de ma Puissance supérieure, que j'ai choisi d'appeler Dieu, et avec l'aide appréciable de Betty Crocker, je peux me nourrir et nourrir ma famille. Je ne peux pas nettoyer la maison en une journée, mais je peux mettre de l'ordre dans la cuisine et faire les lits.

Je ne peux pas être une conseillère sage et tendre pour mes trois adolescents et mon presque adolescent ; mais je peux leur dire que s'ils ne font pas leurs devoirs, ils ne réussiront sans doute pas en cours ; alors, je peux leur faire savoir que, qu'ils réussissent ou non, je les aimerai toujours. Je ne peux pas toujours être une épouse aimante et une compagne joyeuse pour mon mari ; mais je peux lui dire combien ma vie est plus importante pour moi parce qu'il en fait partie.

Je ne peux donner à personne le précieux cadeau de la sobriété, mais je peux écouter les problèmes d'une nouvelle arrivante et lui dire comment cela fonctionne pour moi. Je ne peux pas donner un cours de religion, mais je peux partager mes expériences spirituelles quand cela me semble approprié.

Je ne peux pas faire de grandes choses, mais je peux finir ce que je commence.

Je ne peux pas écrire un livre sur la guérison de l'alcoolisme ; mais je peux parler à d'autres AA d'un nouveau point de vue qui a rendu ma vie plus facile à gérer en m'amenant à abandonner certaines vieilles idées. Et Dieu merci, ces choses que je peux faire aujourd'hui sont suffisantes.

A.B.
Lombard, Illinois

Qu'est-ce que je vais en retirer ?
Décembre 2003

QUAND JE SUIS DEVENUE abstinente, je voulais garder AA et tout ce qui l'accompagnait dans un petit coin de ma vie. Je pensais que les réunions étaient juste pour me garder abstinente. Je n'ai jamais pensé que j'arriverais à la Douzième Étape, où je « pratiquerais ces principes dans tous les domaines de ma vie ». Cependant, il n'a pas fallu longtemps avant que ce que j'ai vécu dans le

Mouvement commence à s'infiltrer dans d'autres domaines de ma vie. Au début, il s'agissait de rencontres troublantes, mais j'ai vu peu à peu qu'il y avait beaucoup à apprendre et à mettre en pratique.

Après quelques mois d'abstinence, j'ai commencé à me sentir très seule et déconnectée au sein de ma communauté religieuse le dimanche. Rien n'avait changé à l'église, mais je changeais de l'intérieur. Je comparais mon esprit exalté et l'aura d'excitation d'une réunion des AA à la morosité que je percevais à l'église. (Aujourd'hui, j'appellerais probablement cela de la paix, mais je n'avais aucune tolérance pour la paix au début de ma sobriété.) J'ai comparé la façon dont je voyais notre congrégation partir après l'office à la façon dont mes réunions des AA se terminaient : à l'église, nous nous tournions et nous sortions de nos bancs sans grande conversation, alors qu'aux AA, nous nous tenions les mains, priions et nous parlions longuement avant de quitter la salle de réunion. Je me sentais de plus en plus seule à chaque fois que j'allais à l'église.

Un dimanche en particulier, j'ai quitté l'office triste et pleine d'apitoiement, me sentant déconnectée de mes compagnons de culte. Avec toute ma nouvelle « sagesse » de sobriété précoce, j'ai monté mon roman savon mental et j'ai plongé dans plusieurs heures de pensée alcoolique et obsessionnelle. Vous connaissez le genre – votre esprit choisit une idée et la mâche sous tous les angles jusqu'à ce qu'elle soit méconnaissable. Ce soir-là, je m'étais convaincue que le fait d'aller à l'église ne valait rien et je m'étais juré de ne jamais y retourner. Heureusement, j'avais un mari qui s'attendait à ce que j'aille avec lui chaque semaine, alors j'étais de retour à l'église le dimanche suivant. Pendant ce temps, j'étais insupportable auprès de ma famille et de moi-même.

De retour aux AA, j'ai eu de la chance : j'avais une peur saine de la rechute. Je faisais tout ce que ma marraine me disait de faire. Je suis devenue la responsable du café de mon groupe d'attache et j'ai parfois servi d'hôtesse d'accueil, serrant la main et accueillant les gens à leur arrivée. J'ai fait des gâteaux et des biscuits à partager avec mes amis AA. Plus je rendais service, plus je rencontrais de gens. Plus je connaissais de gens, plus j'avais de conversations en réunion. Je me sentais de plus en plus comme si j'appartenais aux AA.

Pendant ce temps, de retour à l'église, j'ai décidé d'appliquer le même principe : si ça mordait chez les AA, pourquoi ça ne marcherait pas à l'église ? Je suis devenue bénévole en tant qu'instructice d'éducation religieuse. Cela m'a plu, alors je me suis diversifiée dans la pastorale des jeunes et j'ai rejoint d'autres comités. Plus je rendais service, plus je rencontrais des gens. Plus je connaissais de gens, plus j'avais de conversations à l'église. Je me sentais de plus en plus comme si j'appartenais à ma congrégation.

Se pouvait-il que j'appliquais la Douzième Étape en « mettant en pratique ces principes dans tous les domaines de ma vie » ? Le plus merveilleux, c'était à quel point j'étais devenue heureuse, joyeuse et libre quand j'assistais à la célébration du dimanche à mon église. Ma négativité et mes pensées critiques à l'égard des gens qui m'entouraient avaient disparues. Je ne passais plus mes dimanches après-midi à bouder parce que je ne me sentais pas nourrie spirituellement par l'office du matin. Et tout à coup, les gens étaient tellement plus amicaux ! Ou alors, c'était peut-être moi qui l'était. J'avais l'impression de récolter ce que j'avais semé dans toutes les situations où je me trouvais.

Puis, vers ma quatrième année d'abstinence, j'ai trouvé une conseillère spirituelle pour m'aider dans ma vie de prière parce que je voulais travailler la Onzième Étape. Bien qu'elle n'était pas membre des AA, elle était une amie du Mouvement et je lui faisais entièrement confiance. Après une de nos réunions, lorsque nous discutions d'une expérience de prière de groupe à laquelle nous avions assisté, j'ai commenté : « Je n'en ai pas tiré grand chose. » Elle a eut l'air agacée, et m'a dit qu'elle en avait assez des gens qui disent cela. « Ce n'est pas ce que vous en retirez, c'est ce que vous y apportez », a-t-elle déclaré avec emphase. (Voici une personne en dehors des AA qui comprenait vraiment l'importance de la déflation de l'ego en profondeur.) J'ai été choquée ! Je m'attendais à des soins spirituels doux, et j'avais l'impression d'avoir été giflée. Je suppose que j'avais besoin de cette gifle pour me réveiller et m'aider à me rappeler que mon expérience de culte dans ma communauté avait changé quand j'avais commencé à y apporter quelque chose, et comment mon lien avec les AA s'était développé quand je m'étais engagée davantage. C'était l'occasion de passer à un niveau supérieur dans ma sobriété.

À l'époque, je trouvais les réunions un peu lourdes : il me semblait que les mêmes personnes racontaient sans cesse les mêmes histoires. Pensant que j'étais sobre et en sécurité, j'ai mis en doute l'importance de consacrer du temps précieux aux réunions chaque semaine. Au lieu de cela, je pourrais être en train de vivre ma nouvelle vie, merveilleusement abstinente. Je vois maintenant que j'aurais pu être sur le chemin de la rechute. J'ai soudainement pensé à tout ce que je devais au Mouvement des AA. Il a toujours été là pour moi quand j'en avais besoin. Peut-être que les jours où je me sentais complaisante à l'idée d'aller à une réunion parce que je pensais que j'étais spirituellement en forme, j'étais censé aider un autre alcoolique souffrant en étant disponible lors d'une réunion. Il se pouvait que ma conseillère spirituelle ait eu raison : il était plus important que j'apporte quelque chose aux AA plutôt que de simplement en tirer quelque chose.

Ce fut un tournant dans ma sobriété. Au lieu d'aller toujours à une réunion pour me sentir bien, il y avait de plus en plus de fois où j'allais à une réunion pour faire le bien. À cette époque, une femme nouvellement sobre m'a demandé d'être sa marraine. Je me demandais pourquoi personne ne m'avait encore demandé ! J'ai eu le privilège de la voir grandir au cours des six dernières années. Elle a même fait de moi une grande-marraine. Quelle joie ! En plus de la marrainer, elle et un certain nombre d'autres femmes, j'ai pu partager mon expérience, ma force et mon espoir avec des centaines, voire des milliers d'alcooliques en rétablissement à l'intérieur et à l'extérieur des réunions. Ce merveilleux tissage de AA dans tous les domaines de ma vie est bien loin de la façon dont j'ai commencé ma sobriété. Je sais aussi que cela me rapproche de l'alignement de ma volonté à celle de ma Puissance supérieure. Grâce aux AA, je mène une vie plus saine et intégrée, en « mettant en pratique ces principes dans tous les domaines de ma vie ».

Anne S.
Albany, New York

Des amendes honorables en personne
Juin 1990

« **N**ON, JAMAIS ! JE VEUX faire amende honorable à tous ceux qui figurent sur ma liste, mais pas à elle. Pas à Janice. Pas après les terribles choses qu'elle m'a dites. Elle m'a traitée de croqueuse de diamants ! Elle a essayé de retourner son père, ses sœurs et son frère contre moi ! En ce qui me concerne, c'est elle qui me doit des excuses ! »

Alors que je terminais de me plaindre, ma marraine sourit doucement avec son regard omniscient exaspérant. « Tu n'es peut-être pas prête à faire des amendes maintenant », dit-elle. « Mais il viendra un moment où tu voudras le faire auprès de Janice. Quand tu seras spirituellement prête, ta Puissance supérieure trouvera le bon moment et le bon endroit. Tu feras tes excuses, et tu te sentiras merveilleusement bien. Je te le promets. »

Je ne l'ai pas crue. Je ne pouvais pas imaginer pourquoi je ferais des amendes honorables à une personne qui m'avait insultée et offensée. Janice vivait à des milliers de kilomètres et c'était très bien comme ça.

À 30 ans, Janice était la fille aînée de mon mari. Elle avait terriblement souffert lorsque sa mère était soudainement décédée d'une hémorragie cérébrale. Son chagrin était si intense qu'elle avait arraché à son père la promesse de ne jamais se remarier et de garder la maison familiale exactement comme sa mère l'avait laissée. C'était une grande sœur dévouée (bien qu'autoritaire) à ses frères et sœurs. Talentueuse, instruite et belle, elle était la mère d'un fils adoptif et membre active de son église.

On m'a dit qu'elle avait beaucoup de qualités, mais peu importe. Elle ne m'aimait pas et je ne l'aimais pas. Elle avait pris le mariage de son père comme un manquement à sa promesse et avait juré de ne jamais nous pardonner. Quand j'ai essayé de la convaincre, elle m'a furieusement reproché de l'avoir éloignée de sa famille. Elle n'a pas voulu écouter les excuses que je débitais en état d'ivresse et mes excès de rage belliqueuse. Elle ne comprenait pas qu'en tant que jeune mariée, j'avais besoin de temps (et de beaucoup d'alcool) pour m'adapter à mon nouveau statut. Tout était de sa faute ! Puis, au cours des sept dernières années de ma consommation d'alcool, elle a cessé de téléphoner. Toute communication entre Janice et sa famille a cessé.

Mais ma marraine avait raison. Le temps viendrait où j'aurais hâte de faire amende honorable, prouvant que la Neuvième Étape a le pouvoir de guérir les vieilles blessures et d'unir les êtres chers.

En 1986, personne n'avait vu ou parlé à Janice depuis presque sept ans. Elle avait cessé de téléphoner à son père ou à la sœur et au frère qui vivaient encore avec nous. Elle n'avait jamais essayé de contacter son autre sœur, qui, mariée, vivait dans un autre État. Elle s'accrochait fermement à ses rancunes.

C'était une famille de rancuniers. Son grand-père était mort sans avoir parlé à son frère pendant plus de 30 ans. Sa grand-mère avait refusé de parler à l'ex-femme de son fils pendant plus de 20 ans. Vexez les une fois et vous ne serez jamais pardonné. On vous rappelait sans cesse d'anciens affronts. Personne dans la famille ne savait dire : « Je suis désolé. » Personne n'admettait jamais qu'il ou elle avait pu avoir tort.

Je suis arrivée dans cette famille, –alcoolique pratiquante déjà bien descendue vers mon bas-fond. J'ai ajouté mes propres ressentiments enflammés aux problèmes. J'ai couvert mes excès en blâmant la famille. J'ai bu l'amer breuvage de la colère, du ressentiment et du désespoir ahurissant de l'alcoolique. En fin de compte, j'ai complètement aliéné ma famille recomposée.

Cette famille recomposée était la cible principale de ma Huitième Étape. J'étais abstinente depuis deux ans lorsque j'ai dressé ma liste et j'ai fait ces premières amendes difficiles et directes. Avec une humilité et une dignité retrouvées, j'ai reconnu mon rôle dans les scènes de colère et l'atmosphère hostile de la maison. J'ai admis mes erreurs, du mieux que je m'en rappelais. J'ai prononcé ces mots inconnus, « Je suis désolée », et j'ai demandé pardon. J'ai dit à chacun ce que je faisais pour changer ma vie et j'ai promis que je ferais de mon mieux pour ne pas offenser à nouveau. Je n'ai jamais mentionné le comportement de l'autre personne ; je suis restée concentrée sur ma part du problème.

Mon mari et mes beaux-enfants ont été étonnés. Personne ne leur avait jamais parlé de cette façon. Personne n'avait jamais admis sa propre faiblesse ou ses propres échecs auparavant. Le blâme, les excuses et la rancune qu'ils connaissaient ne laissaient aucune place à l'erreur humaine ou à la compassion. Miraculeusement, tout le monde a accepté mes excuses avec grâce et bonne volonté. Mais le vrai miracle, c'est qu'ils ont commencé à réaliser qu'ils pouvaient faire la même chose envers ceux qu'ils avaient offensés. En faisant amende honorable j'avais montré l'exemple en matière de relations humaines, ce qui aurait une valeur inestimable dans les années tragiques à venir.

En voyant et en ressentant le pouvoir de guérison de la Neuvième Étape, j'ai commencé à ressentir la vraie paix de l'esprit. J'ai commencé à me sentir bien avec les gens et avec moi-même. En rayant les noms de ma liste de la Huitième Étape et en faisant amende honorable, je me sentais plus forte, plus en sécurité, plus en harmonie avec moi-même et avec les autres.

Mais quelque chose en moi n'arrêtait pas de me dire que j'avais encore du travail à faire. J'ai regardé à nouveau ma liste et j'ai réalisé que le nom de Janice n'y figurait même pas. Je l'avais complètement effacée de mon esprit – et de mon rétablissement.

En examinant mon comportement de consommatrice d'alcool, j'ai vu plus clairement mes motivations. J'étais intervenue entre Janice et son père. J'avais contribué de tout cœur aux disputes familiales. J'avais délibérément aliéné Janice – pour l'empêcher de s'immiscer dans ma vie et pour protéger mon droit de boire comme je le voulais. Blessée, elle avait réagi avec colère, ce qui m'avait permis de justifier mes propres actions égoïstes. En voyant mes propres motivations j'ai clairement compris le stress émotif et psychologique que ma maladie avait créé.

Maintenant, je voulais plus que tout dissiper ma culpabilité. J'en étais arrivée au point dont parlait ma marraine : le point de disposition spirituelle pour travailler complètement la Neuvième Étape. Ces milliers de kilomètres semblaient être une distance infranchissable. J'ai demandé à ma Puissance supérieure de m'aider à trouver un moyen de faire amende honorable.

Cet été-là, mon mari et moi sommes partis en vacances au lac Havasu, en Arizona. La montée en flèche des températures dans le désert est devenue insupportable. En cherchant sur la carte un endroit pour nous rafraîchir, nous avons réalisé que le sud de la Californie n'était qu'à une journée de route. Janice vivait près de Los Angeles. Nous avons téléphoné à l'avance pour demander si notre visite serait la bienvenue. Étonnamment, Janice semblait heureuse de nous recevoir. Je crois maintenant qu'elle en avait assez autant que nous des rancunes et des souvenirs amers.

Notre visite s'est avérée être un franc succès. Pour tout le monde, il était temps d'enterrer le passé et de recommencer à zéro. Le dernier jour de notre visite, j'ai demandé à Janice si je pouvais lui parler en privé. D'une manière très douce et aimante, elle m'a écoutée pendant que j'expliquais ma maladie et comment elle avait affecté notre relation. Je lui ai parlé des AA et de la façon dont le Mouvement m'aidait à changer ma vie. Et je l'ai assurée que je ferais tout mon possible pour réunir les deux côtés de notre famille. Elle s'est arrêtée quelques instants, puis m'a serrée chaleureusement dans ses bras et m'a dit : « Je pense que ce que tu fais est merveilleux, et je suis fière de toi. Maintenant, peut-être qu'on peut être amies. » Sur ces mots, le passé était enterré. On pouvait recommencer.

Pendant les deux années suivantes, les relations familiales se sont réparées. Janice et son père se pardonnaient mutuellement et se téléphonaient fréquemment. Son frère, sa femme et ses enfants ont passé deux vacances avec la famille de Janice. Sa sœur cadette a déménagé en Californie et a vécu avec Janice pendant six mois. Bien que notre relation était cordiale, ce n'était pas le genre de relation chaleureuse et de soutien que j'aimais avec mes amis AA. Mais j'étais heureuse qu'au moins nous nous parlions.

Puis, en janvier 1988, Janice nous a téléphoné pour nous annoncer de terribles nouvelles. Elle avait un cancer des ovaires. À ce moment-là, notre amitié a changé. Janice m'a demandé mon soutien, et j'étais tout à fait disposée à donner tout ce que j'avais pour l'aider.

Au cours des 12 mois suivants, Janice a subi deux opérations chirurgicales et huit chimiothérapies. Elle a perdu ses cheveux longs et épais. Elle a perdu du poids et des muscles. Elle a perdu la vie socialement active qu'elle aimait. Mais elle n'a jamais perdu la foi. Elle était une source d'inspiration pour moi, et moi pour elle. Par la grâce de ma Puissance supérieure et aux leçons que j'ai apprises chez les AA, j'ai pu partager mon expérience, ma force et mon espoir – et aider Janice à garder une confiance positive et remplie de foi.

La famille de Janice s'est ralliée autour d'elle. Les vieilles rancunes ont été oubliées. Elle et moi parlions au moins deux fois par semaine, chaque semaine pendant 12 mois d'anxiété. Son frère lui a parlé autant, ou plus, que moi. Ses sœurs ont prié, et elles ont donné autant de soutien et d'encouragement qu'elles le pouvaient. Mon mari et moi envoyions des cartes et des fleurs chaque fois qu'elle allait à l'hôpital. Nous avons conduit notre autocaravane en Californie à deux reprises et avons campé dans la rue devant sa maison. Quand Janice a été joyeusement déclarée « guérie », nous y sommes allés une troisième fois pour célébrer.

Chaleureuse, aimante, pétillante de vie, Janice parlait de l'avenir comme une personne affamée parle de nourriture. Elle aspirait à la vie, au bonheur, au bien-être. Mais six mois plus tard, elle était morte. Une récidive du cancer dans l'intestin inférieur. Colostomie. Encore de la chimiothérapie. C'était du gaspillage. Enfin, la paix.

Je ne comprends toujours pas le terrible chagrin que je ressens. Mais je comprends ceci : en raison du pouvoir spirituel de la Neuvième Étape, je n'ai pas de regrets en ce qui concerne Janice. La famille qui pleurait ensemble dans cette église fleurie n'aurait pas été là si la Neuvième Étape n'avait pas opéré sa magie de guérison. Faire amende honorable a déclenché une réaction en chaîne de pardon qui a changé toute une famille.

Comme ma marraine me l'avait promis il y a des années, j'ai appris plus de cette amende honorable – celle que je m'étais jurée de ne jamais faire – que de toute autre personne ou événement de mon rétablissement.

Carol S.
Albuquerque, New Mexico

Un chantier en cours
Mars 1988

ON ENTEND LE PÉPIEMENT d'un moineau, le tac-tac-tac rythmique d'un pic-bois, et le rugissement bas et régulier de l'Interstate. J'ai arrêté de travailler un moment pour reposer mon cerveau qui s'emballe et écouter le silence. Quand j'arrête de penser, ce n'est plus du tout silencieux. Même ici, à des kilomètres de la ville, la vie se fait entendre.

Tony et moi construisons un petit studio pour un ami. Le salaire n'est pas bien gros, pas assez pour faire flotter mon navire financier en train de couler, mais c'est du travail. Nous devons souvent travailler un jour à la fois, sans savoir quel emploi viendra ensuite. Si je ne m'inquiète pas et que je fais chaque travail aussi bien que possible, c'est suffisant. Sur le peu d'argent que nous gagnons, dix pour cent vont en paiements à des personnes ou à des institutions que nous avons trompées ou à qui nous avons causé du tort dans le passé. En respectant cela et quelques autres suggestions simples, nous restons abstinents et vivons une vie assez décente.

C'était une grosse surprise pour moi de réaliser que j'étais alcoolique. Un mois, j'étais contremaître d'une équipe de construction pour l'un des constructeurs les plus prestigieux de ma région. Ma femme enseignait à l'école. Nous achetions une maison, une « à réparer » avec un grand potentiel. Bien sûr, je buvais un peu trop, mais nos vies étaient bien, en apparence. Un mois plus tard, ma femme était partie, j'étais au chômage et j'avais admis être un alcoolique.

Tony prend un dernier café, regarde sa montre et me dit qu'il est temps de retourner au travail. Nous creusons les empattements à la main. C'est un travail difficile dans ce sol rocheux de montagne, mais comme beaucoup de choses qui sont dures ou désagréables, il y a des compensations. Cela nous permet de rester forts et de travailler à l'extérieur.

Quand ma femme est partie, j'ai appelé une amie commune, espérant qu'avec elle pour intermédiaire, nous pourrions la convaincre de revenir. Mais Lois ne voulait pas parler de faire revenir ma femme. Elle orientait la conversation encore et encore vers l'alcool. Elle a raconté des histoires de sa propre consommation d'alcool, et j'ai vite réagi en racontant les miennes. Elle m'avait vu boire et je n'arrivais pas à la convaincre que j'étais un buveur social. Au fur et à mesure que nous parlions, il est devenu clair pour moi que la plupart de mes problèmes avaient été causés par ma consommation d'alcool.

Elle m'a invité à une réunion cet après-midi-là, et j'ai accepté. Elle m'a mis en garde : les participants aux réunions se présentaient comme des alcooliques. Pourrais-je dire que j'étais alcoolique ? Je ne savais pas alors ce que cela signifiait d'être alcoolique, mais j'aurais prétendu que j'étais un zèbre si cela m'avait aidé à réduire ma souffrance.

« Je m'appelle James. Je suis alcoolique. »

Je l'ai dit. Le mot en A. Je l'ai dit à maintes reprises depuis, et je n'ai pas eu le goût de boire depuis ce dimanche de septembre.

Mon cerveau fait encore des heures supplémentaires. Une grande partie de mon rétablissement a été d'apprendre à ne pas m'écouter. Quand ma femme est partie, nous avons décidé que je devais rester dans la maison que nous avions achetée ensemble, en la payant quand je le pouvais pour sa part relativement petite de la mise de fonds. Avec le travail que j'avais alors, de tels paiements auraient été difficiles, mais pas impossibles. Quelques semaines plus tard, le constructeur pour lequel j'avais travaillé de nombreuses années a commencé à engager exclusivement des sous-traitants. J'étais au chômage.

Puis commencèrent les heures les plus sombres que j'aie jamais connues. En plus des remords inéluctables d'avoir causé le départ de ma femme, je me réveillais chaque jour face à la possibilité d'une ruine financière. Pendant que les factures non ouvertes amassaient la poussière, mon cerveau s'inquiétait de ma situation dans des douzaines de variations. Pire, j'étais tombé dans cette pensée circulaire : j'étais condamné – je l'avais toujours été, je le serais toujours.

« N'y pense pas », m'a dit Gentleman Jim. Dans le groupe auquel je participe régulièrement, il y a beaucoup de Jim, donc ils ont des surnoms. Jim dit qu'on l'a surnommé « Gentleman » parce qu'il n'en était pas un. Je lui expliquais comment je pensais que la Quatrième Étape fonctionnait psychologiquement. Après tout, j'étais déjà dans les Alcooliques anonymes depuis plus de six semaines et j'écrivais ma Quatrième Étape depuis plus d'une semaine. J'étais sûrement un expert.

« Fais-le », répéta-t-il. « N'y pense pas. »

« Mais c'est pour ça qu'on a un cerveau », ai-je argumenté. « Pour nous aider à comprendre le monde et à prendre des décisions basées sur cela. »

« Ta meilleure compréhension t'a mené aux Alcooliques anonymes », m'a rappelé Jim. « Fais ce qui est devant toi, ne pense pas, ne bois pas et va aux réunions. »

« Ne pense pas, hein ? »

« Ne pense pas ! »

J'y ai pensé. Finalement, j'ai commencé à voir que ce que j'avais appelé penser n'était pas du tout penser, mais une sorte de cage d'écureuil de doute et d'inquiétude qui retournait les mêmes problèmes encore et encore et me ramenait toujours au point de départ.

Quand ma vie était très bonne, je pensais qu'elle devrait être encore meilleure. Je cherchais différents points de vue. Je me disais que le monde était un accident de physique et que chacun était libre d'en prendre autant qu'il le pouvait. Pendant longtemps, cette attitude a été modérée par les gens que j'aimais. J'ai modéré mes ambitions grandioses pour pouvoir inclure mes proches. Au fur et à mesure que ma pensée malsaine progressait, je me souciais de moins en moins de moi-même et presque plus des personnes que j'aimais.

Ma conscience n'a pas pu être apaisée. J'ai essayé encore et encore, et j'ai été déclaré coupable à chaque fois. J'étais sans valeur, sans but, sans humanité. Chaque blessure aux autres a rejoint le fond secret de l'auto-conviction à l'intérieur de moi. J'ai commencé à boire plus pour couvrir cette obscurité à l'intérieur. Mon cerveau a continué son rythme fiévreux, essayant de trouver un moyen de sortir de la boucle sans fin que j'avais créée.

J'étais un employé prospère en partie parce que j'avais essayé de suivre le rythme de mon cerveau effréné. La nuit, tous les soirs, je pouvais prendre mes médicaments. La consommation quotidienne qui avait commencé quelques années auparavant sous la forme d'une bière ou deux pour me détendre était devenue une caisse de six par jour, et parfois plus. À l'occasion, j'avais modéré avec du vin – souvent un litre ou plus chaque soir.

Quelques mois avant son départ, ma femme est rentrée à la maison après avoir travaillé tard et est venue sur le porche avant où j'étais assis. Je buvais du vin dans un pot de confiture. Le reste d'un demi-gallon se trouvait dans le réfrigérateur.

« Tu bois encore ? » demanda-t-elle.

« Ouais. Mais juste un peu. J'ai vraiment commencé à contrôler ma consommation d'alcool. » « Mais tu bois tous les soirs », a-t-elle dit. « Tous les soirs, tu bois. »

J'y ai réfléchi brièvement et je suis arrivé à la seule solution logique. Sans lui répondre, j'ai marché jusqu'au porche arrière, où je pouvais boire en paix.

Tony s'appuie sur sa pelle et me regarde bizarrement. « Penses-tu encore à ta femme ? » demande-t-il.

« Eh bien, oui, un peu », dis-je. Je me sentais comme j'avais l'habitude de me sentir quand ma mère découvrait qu'il manquait cinq ou six petits pains à la cannelle dans le plateau à dessert.

« James », crie Tony. « Mon M-16 me manque. Tu aurais dû le voir. Je l'avais appelé Janice, et c'était une beauté. Je l'ai perdue. Malheur,

malheur ! » Tony est un vétéran du Vietnam. Lorsqu'il est arrivé chez les Alcooliques anonymes, sa pensée malade était celle des terreurs de la guerre. Il me coince souvent comme ça quand je me laisse prendre par mes pensées.

Quand je buvais encore, il y avait une conclusion à laquelle ma pensée n'avait pas le droit d'arriver. Comme la conclusion que j'évitais – que je buvais trop – était au cœur de chaque problème, ma pensée était devenue circulaire et malhonnête. C'était comme vivre dans une maison avec un trou noir dans le coin de chaque pièce. Où que j'aille, il y avait un trou noir. Quand j'avais assez bu, les trous partaient. Lorsque j'ai commencé à recevoir de l'aide, mon cerveau ne fonctionnait plus très bien.

J'ai aussi souffert de culpabilité et de remords. Je n'étais pas un grand opérateur, mais j'avais blessé les personnes qui m'aimaient le plus.

« Eh bien, » dit Bicycle Bob. « Aucun d'entre nous n'est venu ici parce que nous avons chanté trop fort à l'église. » Dans les réunions, les gens partageaient leurs propres défauts avec le groupe, souvent accompagnés de rires. Il était plus facile d'admettre mes propres défauts dans une telle atmosphère. « Notre degré de malaise est proportionnel à la taille de nos secrets, » et mon but est maintenant d'être un livre ouvert.

Je ne suis pas un saint, comme le démontre la longue liste des personnes que j'ai blessées, mais je travaille sur cette liste et je fais amende honorable quand et où elles se présentent.

Mes amendes les plus satisfaisantes ont probablement été faites à mon professeur de musique du secondaire. Il y a 25 ans, il m'a prêté un de ses propres livres de musique. Par paresse ou avidité, je n'ai jamais rendu le livre. J'ai déménagé une quinzaine de fois depuis, et j'ai possédé et perdu beaucoup de livres. J'ai toujours emporté ce livre avec moi dans chaque nouvelle maison, chaque nouvelle ville. J'avais cessé d'étudier la musique, et le livre n'était qu'un bagage.

Après un peu de travail de détective, j'ai trouvé son adresse et j'ai renvoyé le livre avec une lettre d'excuses. Quand je l'ai fait, je suis devenu un peu plus libre. J'avais un secret de moins à ruminer.

Tony me dit qu'il est temps de rentrer à la maison. J'étais encore une fois perdu dans mes pensées. Quand je suis pris dans cette cage d'écureuil, je fais souvent des erreurs. Aujourd'hui, j'ai eu de la chance. Tony m'a aidé à garder les pieds sur terre. Les tranchées d'empattement sont coupées à angle droit et au bon endroit. J'entends à nouveau le rugissement de l'Interstate. J'ai atterri en toute sécurité sur terre.

J'ai congédié la physique accidentelle que je croyais créatrice de mon monde et l'ai remplacée par ma propre compréhension d'un Dieu aimant. Tant que je mettrai en pratique les principes qui me gardent près de lui, et que je ferai aussi bien que possible le travail à faire qu'il met devant moi, j'obtiendrai ce dont j'ai besoin. Je n'ai plus à penser à la façon dont ma vie devrait se dérouler. Cela m'apporte la paix.

Je suis toujours à court d'argent. Je n'ai pas trouvé de travail qui paie aussi bien que le travail que j'avais quand je buvais encore. Ma femme est maintenant mon ex-femme, et elle s'est déjà remariée. Ce sont des réalités plutôt dures à avaler. Ce que j'ai maintenant, c'est une foi grandissante que ma vie est dirigée par une Puissance supérieure à moi-même.

C'est seulement quand j'arrête d'y penser, d'essayer de diriger le spectacle, que ma vie peut devenir comme Dieu l'a voulu. J'ai encore à vivre des conséquences de mes années de consommation d'alcool. Pendant ce temps-là, mon travail c'est d'être, comme ces empattements, à ma place. Quand j'arrête d'y penser, je sais que je suis enfin rentré à la maison.

James L.
Tucson, Arizona

Suis mon conseil, je ne m'en sers pas
Mai 1997

JE ME SENTAIS PLUTÔT déprimée et j'ai appelé ma marraine, que j'ai trouvée dans une humeur similaire. J'ai dit : « Que dois-je faire ? » Au début, elle a dit : « Je ne sais pas. Si tu trouves une solution, rappelle-moi. » Puis, parce que c'est une personne aimante, une bonne amie et qu'elle a une excellente compréhension du programme des AA, elle est passée en mode marraine et m'a dit de faire ce qui suit :

1. Porte la vie comme un vêtement ample.
2. Ne te prends pas tant au sérieux.
3. Compte tes bénédictions.
4. Trouve un autre alcoolique avec qui travailler.
5. Lis le Gros Livre et va à une réunion.

Puis elle a ri et a dit : « Suis mon conseil, je ne m'en sers pas. »

J'ai appelé une de mes filleules, et elle était aussi dans un état d'esprit négatif. J'ai abordé son problème et j'ai suggéré les cinq conseils énumérés ci-dessus. Elle a dit qu'elle avait une filleule d'une humeur mélancolique. J'ai proposé que moi et ma marraine, elle et sa filleule, on devrait former un groupe de musique appelé Les Dépressions et chanter le blues. Cela ne l'a pas amusée.

Plus tard dans la journée, ma marraine est passée prendre un café avec une autre amie – et quel changement ! Elle avait fait une visite de Douzième Étape et emmené une autre alcoolique en désintoxication. Elles ont raconté qu'elle avait une allure lamentable, qu'elle était malade et pleine de peurs et de remords. Soudain, nous étions toutes pleines de gratitude et de rire de notre folie de l'apitoiement sur soi et de notre dépression auto-imposée. Nous nous sommes rappelées toute la douleur et la confusion de nos débuts chez les Alcooliques anonymes.

La simplicité de ce programme ne change jamais - ce qui fonctionne est constant : confiance en Dieu, maison propre et travail avec les autres.

Terry B.
Concord, California

L'amour altruiste

« Seigneur, fais de moi un instrument de ta Paix ;
– là où se trouve la haine, que j'apporte l'amour ;
– là où se trouve l'offense, que j'apporte l'esprit du pardon ;
– là où se trouve la discorde, que j'apporte l'harmonie ;
– là où se trouve l'erreur, que j'apporte la vérité ;
– là où se trouve le doute, que j'apporte la foi ;
– là où se trouve le désespoir, que j'apporte l'espérance ;
– là où se trouve l'obscurité, que j'apporte la lumière ;
– là où se trouve la tristesse, que j'apporte la joie. Seigneur,
fais que je cherche à consoler plutôt qu'à être consolé ;
– à comprendre plutôt qu'à être compris ; –à aimer plutôt
qu'à être aimé. Car c'est en s'oubliant que l'on trouve.
C'est en pardonnant qu'on reçoit le pardon. C'est en
mourant qu'on s'éveille à la Vie éternelle. »
Les Douze Étapes et Douze Traditions, p. 113

La plupart d'entre nous n'atteindront jamais parfaitement les idéaux exprimés dans cette prière, communément appelée la prière de saint François. Mais les histoires de cette section montrent que lorsque nous sommes capables de pratiquer l'amour altruiste, nous pouvons, selon les mots d'un écrivain, « commencer à être ouverts à tous les dons que le mode de vie des AA peut apporter. »

Mettre la colère de côté
Juillet 1965

IL M'A SEMBLÉ un jour que le grand truc pour apprendre à vivre le mode de vie des AA était de mettre de côté la colère. Je pense maintenant qu'il s'agit plutôt d'apprendre à aimer – et à servir. Je vois ces jours-ci qu'il n'y a pas de liberté dans un paysage intérieur parsemé de cupidité et de compulsions. Nous ne sommes libres que lorsque nous nous concentrons sur le fait miraculeux que ce monde nous est donné avec tous ses gens à aimer. Miranda de Shakespeare, pure de cœur si jamais quelqu'un l'a été, a conclu, à la vue d'un jeune homme très ordinaire, que c'était un « monde nouveau et plein de courage » qui l'attendait au-delà de l'île de Prospero. Je pense que nous voyons assez rapidement au sein des AA qu'il y aura pour nous un monde nouveau et plein de courage – si nous sortons et vivons dans ce monde avec amour. Ah, mais ce n'est pas si facile à faire ! Il faut du temps, et ce changement que nous appelons croissance, et beaucoup d'aide de la part des autres membres des AA et de notre Puissance supérieure.

La plupart du temps, je ne sais pas comment vivre dans l'amour altruiste. Il n'est donc peut-être pas défendu de continuer à travailler entre temps à lutter contre les choses négatives. Je continue d'essayer d'éliminer la colère. Cela précède sûrement la naissance de l'amour !

En l'occurrence, la colère a été le premier défaut de caractère que j'ai reconnu posséder. Il est remonté à la surface pour être examiné quelques semaines après mon entrée dans le Mouvement. Je pouvais voir, et je n'aimais pas le voir, que j'éclatais de rage régulièrement, et qu'entre ces occasions, je vivais dans une sorte de froide suspicion de tout le monde. (Comment pouvez-vous aimer des gens si insatisfaisants que le monde présente : méchants, égoïstes, capricieux ?)

Quand j'ai enfin vu à quel point j'étais enclin à des crises de colère infantiles (oh oui, habillées avec un langage et une force adultes !), j'ai vu – et mon cœur a sombré – que c'était moi qui étais méchant, égoïste et capricieux. C'est moi qui n'étais pas aimable, et donc moi qui étais la cause de ma colère contre la vie.

Ce fut un choc ; j'avais la sensation que le centre de mon être venait d'être bombardé. Mais c'était un vide rentable pour une fois. J'ai eu d'autres crises de rage depuis, mais moins fréquemment, et je me suis oublié je ne sais combien de fois quand j'étais frustré envers des amis et des parents, mais ces jours-ci, je ne suis jamais loin du sentiment réconfortant que la charité commence à la maison : je dois m'aimer (m'accepter), au moins, pour pouvoir cesser d'être en colère et commencer à être ouvert à tous les cadeaux que le mode de vie des AA peut apporter.

Anonyme

Des vues à long terme
Mars 1984

PUISSE UN RAYON SPÉCIAL de sérénité briller sur un alcoolique qui a pensé et partagé ce mot agréable « membre à long termes » au lieu de « vieux membre ». Je dois rendre la pareille avec des points de vue à long terme !

Il y a un mois, j'ai célébré mon trente-cinquième anniversaire AA un dimanche soir lors d'une réunion à Rondebosch. Il n'y avait pas de banquet, pas de cloches, pas même un gâteau d'anniversaire. La seule concession était un enregistrement de l'entretien. Mais dans cette salle, l'amour s'est répandu sur moi et sur ma femme, Jessie, qui, un matin inoubliable en 1947, m'a supplié d'écrire à New York pour obtenir de l'aide lorsque je mourais d'alcoolisme à l'âge de 25 ans, ici, en Afrique du Sud.

Il n'y avait pas de numéro de téléphone à appeler ; les réunions régulières devaient se matérialiser beaucoup plus tard ; il n'y avait aucune adresse locale à qui écrire, pas de preuve matérielle sous la forme d'un parrain pour prouver ma vision : les AA fonctionnait. C'était comme ça. C'était ainsi que les choses devaient être – pour moi. J'étais perpétuellement terrifié, plein de soupçons en perpétuelle fluctuation, si douloureusement sensible aux moindres vibrations d'autorité que s'il y avait eu un groupe AA ou un bureau central à proximité, je doute que j'aurais pu entrer en contact avec lui.

Pour moi, à l'époque, cela devait se faire par le pouvoir tranquille des mots écrit, initié par Bobby, au Bureau des Services généraux des AA à New York, et renforcé par ceux d'Ann M., de Bill et de Bob, qui ont envoyé tant d'amour dans tant de lettres pendant tant d'années. Aussi compulsivement que j'avais l'habitude de boire, je sentais maintenant une céleste obsession pour la sobriété des AA, et mon exaltation me poussait à écrire à travers tous les États-Unis pour récolter toutes les miettes que je pouvais. Ils m'ont envoyé des gâteaux entiers d'une richesse mentale indescriptible, glacés d'humilité, de rires et d'amour alcoolique. Après la formation des groupes ici, les conseils de Bill W. nous ont souvent sauvé de la catastrophe.

Un jour, le Gros Livre (je ne sais comment, son existence m'avait échappée) a été placé entre mes mains à cinq heures de l'après-midi, lorsque je suis rentré du travail. Si je me souviens bien, je subissais les premières douleurs de l'abstinence « monotone » que nous ressentons souvent autour de notre cinquième mois chez les AA, ne connaissions rien du programme. Il y avait une tasse de thé sur la table de la cuisine, prête. À côté de la tasse brûlante se trouvait le livre à la couverture bleu marine – Alcoholics Anonymous, imprimé en 1948.

J'ai fini de lire ce chef-d'œuvre à six heures le lendemain matin. Le thé, maintenant froid, je ne l'avais pas touché ; le cendrier était vide. Je n'avais pas eu le temps de desserrer ma cravate ou d'enlever ma veste. Je n'ai quitté la table qu'une seule fois, et le livre est allé avec moi aux toilettes. C'était le plus grand et le plus beau journal de rétablissement. Il l'est toujours. J'étais envoûté par la majesté des mots, la délicatesse des suggestions, s'adaptant à l'individualité de chaque alcoolique. Enfin, toute cette entreprise avait un sens ! Pour moi, l'essentiel se trouve dans le deuxième paragraphe de la page 185 : « Il vous montrera comment créer le groupe que vous désirez tant. »

J'ai lu ce livre bien-aimé encore et encore et encore. Il emporte, inspire et guide. Au fil des ans, j'ai lu des milliers de livres et de brochures, mais le Gros Livre est toujours la superstar. L'amour qui coule de ses pages m'encourage à garder la lame de ma sobriété toujours aiguisée et brillante, à couper à travers toute l'ignorance et la terreur qui entourent les alcooliques qui souffrent encore. Quand leurs larmes sèchent et que la douleur s'estompe, je vois dans leurs yeux l'image de Dieu, illuminant toujours le Mouvement dont je fais partie, grâce à Lui et à vous tous.

P. O.
Wynberg, Afrique du Sud

Un désapprobateur de l'égalité des chances
Mars 1984

JE SUIS ARRIVÉ AUX AA parce que j'en avais assez « d'être malade et fatigué ». En ne buvant pas et en allant à beaucoup de réunions, j'ai atteint le genre de sècheresse qui rendait la boisson inutile – mais qui me permettait de garder la plupart de mes vieilles idées et conceptions. J'ai choisi un « parrain » qui soutenait ce système.

J'étais libre de ne pas boire, de mal faire à mon travail, d'être aussi irritant qu'un ongle incarné dans une usine de cornichons, et de déplorer les pitreries de toutes les sortes de personnes qui entrent et sortent des AA. J'étais un désapprobateur de l'égalité des chances : je ressentais une animosité particulière envers les motocyclistes, ceux qui ont fait faillite, les homosexuels, les gens qui prennent des drogues, les divorcés, les libéraux, ad nauseam. Mais pour une raison ou une autre, même avec tous ces gens que je pouvais déprécier et desquels je pouvais me sentir supérieur, je n'étais pas heureux. En fait, j'étais très malheureux. Je tirais une sorte de plaisir pervers de ma misère.

J'ai changé d'emploi et de ville. Grâce à une série de mouvements adroits et quelque peu sournois, ma Puissance supérieure m'a permis de me retrouver dans un groupe des AA composé de personnes qui travaillaient fort dans le programme. Avec l'aide d'un parrain solide, je suis allé travailler sur les Étapes, toutes les 12, de la manière et dans l'ordre dans lequel elles sont expliquées dans le Gros Livre.

Presque sans m'en rendre compte, j'ai perdu en peur et j'ai gagné en foi, et je me suis senti bien. Il ne s'agissait plus seulement d'en avoir assez d'être malade et fatigué ; ma vie avait changé à tel point que je n'avais plus peur d'être « heureux, joyeux et libre ». Pendant que je travaillais lentement et parfois avec hésitation, mes attitudes, mon image de moi, mes relations avec les autres êtres humains – pratiquement tout dans ma vie – avait changé. Je ne voulais plus courir devant tout le monde en criant : « Suivez-moi ! »

J'ai découvert que les gens à l'extérieur du programme pouvaient être aussi aimants et partageants que ceux à l'intérieur. Les temps ont changé ; la vie a changé ; et les gens dans le programme ont commencé à me demander de les parrainer. Dieu a veillé à ce que je sois occupé ; pour cette raison, j'avais besoin d'aider les nouvelles personnes à se rétablir aussi vite qu'elles le pouvaient, afin d'avoir du temps pour les autres qui le demandaient.

En même temps, Il a commencé à me remettre sur le droit chemin avec certaines de ces vieilles idées. J'en ai rencontré un en faillite qui ne savait même pas qu'il l'était. Depuis qu'il s'est joint aux AA, il a travaillé, sans faillite légale, pour des dizaines de milliers de dollars d'endettement. Un par un, ils sont entrés dans ma vie : des libéraux, des jeunes, des hippies, Bill et son Harley-Davidson, des fonctionnaires, un professeur titulaire, des gais et, dernièrement, quand Dieu l'a voulu, un membre qui doit avoir des médicaments pour corriger son cerveau afin qu'il puisse fonctionner.

Chaque matin, je demande à Dieu : « S'il vous plaît, prenez soin de ... ». Et je les nomme tous. Chaque soir, je le remercie d'avoir pris soin de chaque personne sur la liste, qui est passée à 85 noms. Après un certain temps, « qui parraine qui », c'est entre les mains de Dieu.

J'ai appris à commencer chacun de ces parrainages par la déclaration suivante : « Je suis prêt à t'aimer, à t'accepter tel que tu es. Je ne te jugerai pas et je ne m'attends pas à ce que tu fasses quoi que ce soit pour me plaire. Il n'y a pas de qualifications pour cet amour. Je ne te suggérerai jamais de faire ce que je n'ai pas fait. Si tu veux ce que les gens avec une bonne sobriété ont, alors tu feras ce qu'ils ont fait – les Douze Étapes de ce programme ».

Je demande à chacun de m'appeler chaque fois qu'il en a envie, pour partager les joies comme les problèmes. Dans le passé, j'ai parfois fait l'erreur de dire :

« Appelle-moi quand tu as un problème. » Le résultat fut que j'apprenais à mes amis à avoir des problèmes pour qu'ils aient une raison d'appeler. Maintenant, nous parlons du bon, du quotidien ainsi que des jours occasionnels où on n'a pas le programme dans son assiette. J'ai conduit ma voiture sur plusieurs kilomètres, couvrant tranquillement et lentement les routes secondaires, partageant et parlant, riant et parfois pleurant. Ce sont des moments de confiance, d'apprentissage du partage, d'acquisition de la foi pour être « heureux, joyeux et libre ». J'acquiers des connaissances sur moi-même et j'apprends comment Dieu veut que j'élargisse mes horizons dans le programme.

Tant de choses, provenant de tant de sources, m'ont aidé à me rapprocher de moi-même et des autres, de sorte que je ne peux pas toujours préciser le moment et l'endroit où une vérité particulière m'est venue à l'esprit. Cependant, je veux partager ce que je considère comme étant deux concepts clés. Le premier est que tant que j'agis de manière aimante et bienveillante, je ne suis pas responsable de la façon dont les autres réagissent. Ainsi je ne me sens plus forcée à faire plaisir aux gens aux dépends de mes émotions. Le deuxième concept est, selon moi, la base fondamentale qui nous permet de partager notre intérieur avec un autre : les sentiments ne sont ni justes ni faux. C'est sur ce que nous faisons de nos sentiments que nous devrions nous concentrer.

Grâce au parrainage, le programme m'a appris, lentement et tout doucement, à aimer et à être aimé. Il m'a appris à toucher, à marcher près d'un ami et à lui donner une tape sur la tête et à dire : « C'est juste au cas où personne ne t'a donné une tape sur la tête aujourd'hui ». J'ai appris la valeur de dire « Tu vas bien, » avec un câlin. J'ai appris le plaisir et la joie d'être enfantin, de pouvoir rire et de profiter de la vie. J'ai appris la vie.

Comme je partage ce que je sais du programme et suis disposé à apprendre de ceux avec qui je partage, je trouve un contact plus profond et plus gratifiant avec Dieu. Ma compréhension change et s'élargit alors que je m'expose à de plus en plus de types de personnes d'origines diverses. Le seul élément commun dans toutes ces relations, c'est le fort désir de rester abstinent et d'aller au-delà de la sobriété, jusqu'à un rétablissement complet.

R.M.
Temple, Texas

Aussi unique que du bacon et des œufs
Juin 2000

IL Y A 32 ANS, EN AVRIL 1968, j'étais allongé sur mon lit en position fœtale. Un médecin m'a dit qu'il ne pensait pas que je passerais la nuit. C'est là où mon alcoolisme m'a emmené. Aujourd'hui, cet homme noir de 72 ans aimerait partager avec vous où il en est avec sa sobriété, un jour à la fois.

Je me suis réveillé ce matin vers quatre heures du matin. L'horloge électrique clignotait parce qu'il y avait eu panne d'électricité pendant la nuit. Physiquement, je me sentais vraiment mal. Je n'avais même pas encore posé mon pied sur le sol ! J'ai commencé à penser, oh mon Dieu, me revoilà, un autre jour de diabétique. Depuis que j'ai reçu un diagnostic de diabète, j'ai des jours où, sans raison apparente, je ne me sens pas bien. J'essaie donc ne pas me focaliser là -dessus, sachant très bien que cela passera et que quelque chose se produira sûrement au cours de la journée pour me faire oublier complètement ce que je ressens, tant physiquement qu'émotivement. Alors je m'occupe et je fais ce qui se présente à moi.

J'ai pensé à mon ami de 90 ans qui est dans une maison de soins. Je lui avais promis de le sortir aujourd'hui et de le soulager un peu de l'ennui de l'endroit. C'est difficile pour lui maintenant parce qu'il était toujours au courant de tout et toujours avec les gens du centre-ville d'Oceanside. Il n'aime pas participer aux activités de la maison de soins. Il préfère de loin aller faire un tour et regarder ce qu'il peut voir.

Quand je me suis levé du lit, c'est ce que j'avais en tête. Je me suis préparé à aller à ma réunion des AA à laquelle j'assiste tous les matins, sauf les jours où je travaille à notre bureau central. Il y a des années, j'ai entendu un type dire que quand les gens lui demandaient, en plaisantant, ce qu'il allait faire lorsqu'il aurait pris sa retraite, il répondait : « Être plus actif dans les Alcooliques anonymes. » Cela m'a vraiment marqué, alors j'essaie d'être aussi actif que possible. Après la sortie de notre livre les Réflexions quotidiennes il y a quelques années, notre Centre d'amitié a commencé les réunions quotidiennes du matin basées sur les lectures quotidiennes. Aujourd'hui, la Réflexion disait : « Le contact fréquent avec les nouveaux et les autres, c'est ce qui illumine notre vie. » Je peux vraiment m'identifier à l'alcoolique qui a écrit cela : nous sommes tous des sortes d'êtres humains ordinaires, et les choses qui nous procurent le plus de joie sont les choses que nous ne voulons pas toujours faire. Je n'avais certainement pas l'intention d'en faire trop aujourd'hui, si ce n'est d'emmener mon ami pour une courte balade.

Je l'ai recueilli vers huit heures et nous sommes allés à la réunion, où nous avons été accueillis par un groupe de personnes très reconnaissantes d'être abstinentes. Ils étaient tous heureux de le voir et cela a fait chanter mon cœur de voir la façon dont ils l'ont traité et l'ont accueilli. Nous sommes tous les deux abstinents depuis 32 ans maintenant, mon ami et moi. Ensuite, il voulait une coupe de cheveux. Un salon de coiffure était fermé et l'autre avait un temps d'attente d'une heure, mais nous ne nous sommes pas inquiétés.

Puis nous sommes passés devant le centre pour personnes âgées où il avait passé un certain temps et il a eu l'occasion de parler à certains travailleurs sociaux et à certains des patients qui s'y trouvaient. Il était tout simplement rayonnant. Je pouvais voir qu'il se sentait vraiment bien et que son moral était à la hausse. Nous sommes partis et nous sommes allés chez McDonalds pour un sandwich au poulet grillé. J'ai appris à faire face à ses habitudes alimentaires. J'ai maintenant un bavoir qui lui permet d'attraper toute cette nourriture qui lui échappe. J'avais l'habitude de m'énerver contre lui quand il portait ses beaux vêtements et qu'il se retrouvait couvert de nourriture en mangeant.

Nous sommes partis et sommes retournés dans le vieux quartier du Barrio, où nous avons passé beaucoup de temps tous les deux. Je vous dis cela pour vous montrer comment les choses fonctionnent dans notre programme de rétablissement. La première personne que nous avons rencontrée était un petit gars que nous avions rencontré il y a environ huit ans. Ce petit bonhomme a essayé de dessoûler plusieurs fois : il devient abstinent pendant une semaine ou deux et se saoule à nouveau. Il a vu mon camion s'arrêter et a commencé à parler et à me remercier pour certaines choses que j'avais faites pour son fils et pour lui-même. Il en a fait un peu trop. Je lui ai donc dit que je n'avais pas d'argent et qu'il ne devait pas en faire autant, et cela l'a bien amusé. Alors que nous nous éloignions en voiture, mon ami m'a dit : « Mec, tu sais, il a une bonne tête sur les épaules et il est vraiment instruit. » J'ai dit oui, mais cela ne l'aide pas trop à rester sobre, tout comme cela ne sert à rien de porter le Gros Livre sous son bras toute la journée sans l'ouvrir et sans le lire.

J'ai essayé à maintes reprises de parler à mon ami du fait qu'il a été béni de tant de façons, et qu'il est simplement arrivé à un moment de sa vie où il ne peut pas faire les choses qu'il avait l'habitude de faire et qu'il veut faire. Je lui ai dit qu'il a toujours une belle vie et que c'est à lui d'en tirer le meilleur parti. J'essaie de lui rappeler le programme, que c'est un jour à la fois. Alors que nous nous éloignions en voiture, il m'a dit : « Tu sais, j'ai vraiment été en bonne santé. » J'ai dit : « Tu as raison à ce sujet. En fait, tu es en bonne santé depuis environ 90 ans. C'est juste que ton corps vieillit maintenant et en perd un peu. »

Il a dit : « Oui, tu as raison. » J'ai dit : « Ton plus gros problème aujourd'hui, c'est que tu n'aimes pas l'endroit où tu vis. Nous connaissons aujourd'hui des gens qui ont de très graves problèmes de santé. Pense à ton ami qui a été très actif dans la communauté. Maintenant, il doit annuler les rendez-vous chez le médecin parce qu'il ne peut pas se rendre d'un point A à un point B. Cela n'a jamais été ton problème et j'espère que ça ne sera jamais ton problème. "Ce ne le sera pas tant que Dieu m'impliquera dans le Mouvement des Alcooliques anonymes." »

La dernière chose que mon ami m'a demandée, aujourd'hui, c'est d'aller au bureau central. Il savait que j'y travaillais et il voulait voir le directeur, qui est un de nos amis. Nous sommes donc allés dans le bureau climatisé. Lorsqu'on franchit la porte, on voit le cercle et le triangle en relief sur le linoléum. Mon ami a vu ce symbole et je lui ai demandé s'il savait de quoi il s'agissait. Il se souvenait de l'unité, du service, du rétablissement et du cercle qui représente le monde. Je me sentais vraiment bien à ce sujet.

J'arrive à la fin de ma journée et j'ai pensé qu'il était important de partager comment ma journée diabétique s'est terminée. En 32 ans, je n'ai jamais douté de l'efficacité de ce programme. Je pense que je suis aussi unique que le bacon et les œufs. Les contacts fréquents avec les autres et ce que je peux faire aujourd'hui pour eux, c'est la solution. Il m'a fallu beaucoup de temps pour en arriver à cette prise de conscience. Je pensais que mes problèmes seraient résolus si seulement... Si seulement... alors, je m'en sortirais bien. Ça ne marche pas comme ça. Il faut les petites choses qui ont fait leur apparition aujourd'hui – elle ne sont pas dramatiques, mais elles prouvent que ma Puissance supérieure fonctionne quand je ne pense même pas qu'Elle travaille.

Je suis maintenant à la maison, assis ici en pensant à la journée formidable que j'ai passée, d'instant en instant. Il s'est avéré qu'en mettant un pied devant l'autre et en ne posant pas de questions, j'ai pu suivre le courant. Tout était entre les mains de Dieu et j'ai vraiment passé une bonne journée. Cela n'avait rien à voir avec l'excitation d'une petite amie, de l'argent, de la propriété ou du prestige. Mon ami a été le point lumineux de ma vie aujourd'hui, avec toutes les autres personnes avec qui j'ai été en contact. Je peux honnêtement dire que je l'aime ce vieil homme. Je l'aime pour ce qu'il est et ce qu'il a fait pour moi et les autres, et ce soir, mon cœur est plein. Je n'aurais jamais pensé qu'un jour comme aujourd'hui serait un point culminant de ma vie. Toute l'excitation que j'avais l'habitude de désirer et de rechercher n'était pas là. Je n'ai plus à vivre sur les nerfs. Et ce soir, alors que je pose ma tête sur mon oreiller, je ne peux pas penser à une seule chose que j'ai faite aujourd'hui à laquelle je dois retourner et la refaire...

Pas mal du tout pour un ivrogne de 72 ans.

Sam L.
Oceanside, Californie

Miracle dans un fast-food
Mars 2002

DE TOUTES MES EXPÉRIENCES devant ma sobriété, rien ne peut égaler ce qui s'est passé le jour où les promesses ont commencé à se réaliser dans ma vie : c'était un dimanche après-midi et je devais rencontrer mon ex-femme dans un fast-food local pour lui rendre mes enfants après avoir passé la journée avec eux. Notre divorce était presque définitif, elle prenait soin de nos enfants et d'elle-même, et allait de l'avant avec sa vie. Malheureusement, je ne pouvais pas accepter ce fait et, plus souvent qu'autrement, j'étais rempli de peur, de colère et de jalousie. Je me débattais constamment avec ces sentiments et je devais les confier à ma Puissance supérieure quotidiennement. Elle est vite arrivée, et alors qu'on nous apportait notre nourriture, j'ai remarqué la nouvelle bague de fiançailles qu'elle portait. J'ai dit, « Jolie bague - où as-tu trouvé ça ? » Elle l'a regardée, a souri et a prononcé son nom. J'ai senti monter ma tension artérielle et j'ai su que j'allais gâcher la journée. Mais au lieu de me préparer à lui jeter mon hamburger à la figure, à râler, à délirer, à lancer des jurons et, au final, provoquer une scène, j'ai dit en silence cette simple prière que je connaissais si bien : « Mon Dieu, s'il vous plaît, aidez-moi. »

Et c'est là que c'est arrivé. À ce moment précis, tout mon monde et mon corps ont semblé s'arrêter. J'avais la sensation que du miel chaud coulait sur mon esprit et sur mon corps. J'ai fermé les yeux et j'ai baissé la tête, car cette sensation de chaleur me recouvrait complètement. Alors que j'ouvrais les yeux pour regarder mes pieds, je m'attendais à y voir une flaque ! Bien sûr, il n'y avait rien, mais quelque chose d'inexplicable s'était produit parce que lorsque j'ai regardé mon ex-femme, la seule chose que j'étais capable de ressentir était - êtes-vous prêt ? – de l'amour. C'est vrai – de l'amour !

Pas un amour romantique ou tout autre type d'amour que j'avais déjà connu ou ressenti, mais un amour que je ne peux décrire que comme venant directement de Dieu. Un amour né de l'acceptation complète et totale. Et à cet instant même, je me suis soudain rendu compte que Dieu faisait pour moi ce que je ne pouvais pas faire pour moi-même.

Ma vie n'est plus la même depuis ce jour-là. Et au cours des sept années qui ont suivi, les promesses n'ont cessé de se réaliser pour moi. J'aime la sobriété et j'aime la vie. Et je dois remercier ma Puissance supérieure, les Douze Étapes des Alcooliques anonymes, et mes frères et sœurs en rétablissement. Le Gros Livre dit que les promesses « se matérialiseront toujours si nous travaillons dans ce sens ». J'y crois.

Lester W.
Oceanside, Californie

La capacité d'aimer
Mai 1962

DEPUIS MA PREMIÈRE journée chez les AA, j'ai entendu parler de l'amour tel qu'il se manifeste dans notre Mouvement. J'ai entendu les membres parler du privilège de faire des appels de Douzième Étape, de l'amour qu'ils ressentaient pour les ivrognes. J'ai assisté à ces réunions, avec la honte de ne jamais ressentir la même émotion.

En essayant de travailler sur l'honnêteté dans mon programme, j'ai dû admettre que je n'aimais pas toujours parler aux ivrognes et que j'avais peu de tolérance ou de patience avec eux. J'allais vers eux parce qu'on m'avait enseigné dès le début que ma sobriété en dépendait. Il y avait aussi un élément de peur – si je refusais de répondre à ces appels, je serais critiqué par le groupe, et leur approbation était de la plus haute importance pour moi ! Quand je devais subir un appel particulièrement long avec un alcoolique dans le bas-fond, je ressentais parfois un véritable dégoût.

Cette évaluation honnête de mes sentiments était aussi loin que je pouvais me rendre. J'étais rempli de culpabilité et de dégoût de moi-même devant mon attitude. J'ai essayé d'en discuter avec un ou deux autres membres, mais ils ne semblaient pas comprendre. J'en étais arrivé au point où je ne pouvais plus tolérer le mot « amour ». Parce que je pensais que je ne pouvais pas l'expérimenter, je ne pouvais pas croire que d'autres le pouvaient. Je les pensais « factices ». J'ai déploré qu'ils profanaient le mot – pratiquant une émotivité bon marché.

J'ai noté que le Christ nous avait ordonné de nous aimer les uns les autres. J'ai pensé que s'il s'agissait d'un commandement, ce devait être une chose qui pourrait être issue de ma volonté. C'est là que je me suis dit que j'étais sans espoir. Plus je le voulais, plus il devenait insaisissable.

J'ai toujours trouvé belle la prière de saint François d'Assise. J'en avais entendu parler à maintes reprises dans notre littérature et dans nos réunions, et je la gardais dans mon portefeuille. Un jour, en lisant cette prière, j'ai commencé à prendre conscience de sa signification. Ce saint homme priait Dieu qu'il lui soit accordé qu'il cherche à aimer plus qu'à être aimé – non pas qu'il exprime l'amour au maximum, non pas qu'il l'exprime du tout, non pas qu'il le recherche complètement, mais seulement qu'il le cherche plus qu'il ne cherche à être aimé.

L'espoir a commencé à grandir en moi. Je me suis soudain rendu compte que cet homme qui avait vécu la même expérience que moi, m'atteignant à travers les siècles. Le noyau dur de ma culpabilité a commencé à se désintégrer, et il m'est venu à l'esprit ce que j'ai toujours considéré comme deux mots clés dans les AA : « volonté » et « grâce ». Je dois devenir disposé à chercher à aimer plus que je n'ai cherché à être aimé et à demander la grâce de Dieu en me l'accordant. Nous sommes nos désirs. Si je commençais à désirer la capacité d'aimer, cela me serait accordé.

Lentement, très lentement, j'ai commencé à ressentir une agitation dans mon âme. Les réunions semblaient plus approfondies. J'ai commencé à ressentir une nouvelle émotion envers le nouveau venu. Les appels de Douzième Étape étaient en effet un privilège. J'ai commencé à ressentir – de l'amour ? Serait-ce de l'amour ? Oui ! Je me suis souvenu qu'il y a des diplômes en tout ! Parce que je n'avais pas ressenti le grand amour pour l'humanité tel qu'exprimé par un Schweitzer ou un Gandhi, je pensais que j'étais incapable de tout amour. En vieil alcoolique perfectionniste !

Maintenant, quand j'assiste à des réunions, cela ne me dérange plus d'entendre les membres parler d'amour. Je ne suis plus seul avec ma culpabilité et ma honte. Je partage, j'appartiens, je fais partie du groupe. Que Dieu m'accorde de continuer à chercher moins à être aimé qu'à aimer !

Anonyme
Lexington, Kentucky

Miracles à emporter
Août 1997

JE ME SOUVIENS DE LA meilleure réunion des AA à laquelle j'ai jamais assisté. C'était dans une ville de l'ouest, une réunion à midi dans un vieux bâtiment à côté de la voie ferrée. J'étais nouveau et je ne parlais pas encore. Je me suis accroupi sur le canapé délabré, confortable après des années d'utilisation, mon chapeau abaissé. De la fumée de cigarette était suspendue au plafond ; des rayons de soleil coulaient en angle, atterrissant sur un très vieux plancher de bois. Le café était fort.

La réunion a commencé comme d'habitude, et on a demandé à un homme de lire « Notre Méthode ». Il a commencé à lire très lentement :

« Rarement... avons... nous... vu... » J'ai pensé que cela prendrait une éternité ; ils devraient demander à une autre personne de lire. Mais ils ne l'ont pas fait. Je regardais le grand homme qui luttait lentement pour prononcer chaque mot. Son visage était cicatrisé et marqué. Ses mains étaient comme des mitaines. Il devait peser près de 135 kg.

Un mot agonisant après l'autre, et « Notre Méthode » s'est écoulée de sa bouche. La réunion devait se terminer à 13 h. Il était 12 h 35, puis 12 h 40. Tout le monde était silencieux. Personne ne s'est levé. Quarante d'entre nous, chacun avec ses propres pensées. Pour la première fois, j'avais remarqué combien de fois le mot « honnêteté » était mentionné dans « Notre Méthode ».

À 12h 45, une vague invisible m'a submergé. Je savais que j'étais à ma place. S'il y avait une réponse pour cet homme, il y en aurait une pour moi. Cette heure m'a montré le meilleur des AA – l'amour inconditionnel et l'espoir sincère que le progrès dans nos vies peut se produire.

À 12 h 50, le panier a circulé. L'homme lisait encore lentement. Tout le monde avait les larmes aux yeux, y compris moi.

Qui peut contester qu'un miracle s'est produit ce jour-là ? Cet homme – qui, je l'ai appris plus tard, avait passé une dure vie en prison – a terminé le dernier mot de « Notre Méthode » à 12h 58. Nous nous sommes tous levés et nous nous sommes tenus la main, et nous avons terminé simplement par le Notre Père.

Norm M.
Cedaredge, Colorado

La joie de vivre

« Nous sommes certains que Dieu nous veut
heureux, joyeux et libres. »
Les Alcooliques anonymes, p. 1

Pendant nos journées de beuverie, nous imaginions la vie sans boisson comme une affaire sinistre, grise et sans joie. Où serait le plaisir ? L'excitation ? Mais nous avons découvert que c'était la consommation d'alcool qui nous faisait vivre dans un monde gris ; la sobriété est haute en couleurs. La sobriété offre une abondance de rires, d'amitié, d'excitation, de découvertes spirituelles et émotionnelles, et de moments de joie pure et simple. En grandissant et en sortant de l'apitoiement sur soi-même et du désespoir, nous pensons qu'aucune description de la sobriété émotive ne serait complète sans la joie.

Le rythme de la vie
Octobre 1998

E N MAI 1993, JE SUIS ENTRÉ dans le Mouvement des Al-cooliques anonymes au milieu d'un divorce très douloureux résultant d'années d'abus d'alcool de ma part. Mes deux enfants, âgés de deux et trois ans à l'époque, ont été pris au milieu de cette situation. Mon rétablissement s'est bien passé et ma relation avec mes enfants a continué de s'améliorer, mais après sept mois dans les AA, je ne me sentais toujours pas en paix. Bien que je travaillais sur ma vie spirituelle, je continuais à trouver difficile d'accepter le fait que ma famille ne reviendrait pas en arrière. Peu de temps après, j'ai commencé à interroger Dieu sur son refus de répondre à mes prières.

Immédiatement après mon divorce, je vivais dans une petite caravane amochée. J'étais fauché et je n'aimais pas le fait que je n'avais plus de maison et toutes les choses matérielles qui me disaient que j'allais bien. Même lorsque j'étais une épave émotive et spirituelle, mes possessions matérielles m'avaient toujours donné le faux sentiment d'aller bien. Je n'avais plus rien, et mes enfants passaient leur premier week-end dans ma nouvelle maison.

Je les ai mis au lit et je suis retourné dans le salon. Je me suis assis dans le noir, en ruminant et en m'apitoyant sur mon sort. Il avait neigé toute la journée et la pleine lune se reflétait sur la neige fraîchement tombée, illuminant la pièce de sa lumière. Quand je me suis levé pour aller me coucher, je me suis arrêté à la porte de la chambre des enfants. Je suis resté là, à les regarder dormir. Les rayons de lune qui brillaient à travers leur fenêtre jetaient un beau nuage sur le lit où ils dormaient.

Ce dont je me souviens le plus de cette nuit-là, c'est le rythme de leur respiration. Pendant que les filles dormaient, je me suis souvenu du rythme lent, régulier et paisible qui m'a émerveillé la première fois que je les avais tenues. Le même rythme lent, régulier et paisible était là quand je les berçais pour les endormir dans les années suivantes. C'est ce rythme qui a été pour moi une constante dans ma relation avec mes enfants. C'est ce rythme qui m'a dit qu'ils allaient bien et qu'à son tour, mon monde allait bien. C'est ce rythme, dans une vieille caravane dans un parc à roulottes délabré, qui m'a dit que Dieu m'écoutait et que mon monde allait bien.

N'est-ce pas intéressant la façon dont Dieu murmure à nos oreilles ? Mais nous n'entendons pas toujours ses messages. C'est pourquoi il est si important pour moi de travailler sur ma relation avec Dieu. Je crois que le divin s'incarne en toutes choses, mais la seule façon dont je sais honorer ma Puissance supérieure est de lui parler comme s'il était une personne. Je ne lui demande plus rien, je ne crois pas que c'est un génie qui exauce les vœux, mais je crois qu'il me donne force et espoir et une appréciation de la vie et de la bonté.

Ce concept est d'un grand réconfort pour moi, et je pense que c'est ce que nous essayons de réaliser à travers les Étapes spirituelles des Alcooliques anonymes.

Frank K.
Dearborn Heights, Michigan

Accrochés tous ensemble
Mars 1984

QUAND JE SUIS VENUE au programme, en octobre 1956, c'était dans un pays étranger, où il n'y avait pas de groupes, pas de lieu de rencontre, pas grand-chose. Une dame de passage au Venezuela a transmis le message et « capturé » cinq « pigeons » – trois hommes, moi et une autre femme. Quand notre voyageuse est partie, elle a laissé cinq nouveaux membres très mal en point. Le « plus vieux » était abstinent depuis trois mois. J'étais la dernière, avec quelques semaines, à peine mentalement sèche, encore confuse, et complètement dingue. Notre seul espoir était de nous accrocher ensemble, en écrivant beaucoup de questions stupides et incompréhensibles au Bureau des Services généraux des AA. On a toujours eu des réponses. Bien sûr, nous ne savions rien des centres de traitement ou des maisons de thérapie. Nous imaginions tous que les AA fonctionnaient ainsi : si nous voulions rester abstinents, nous n'avions qu'à nous armer de patience. Nous avons donc sué, prié et nous nous sommes accrochés.

Je buvais depuis 28 ans. Bien que voulant désespérément ce qui m'avait été offert, j'ai eu quelques rechutes, des tempêtes nocturnes qui m'ont rendue folle, craignant d'avoir perdu cette nouvelle vie merveilleuse. Mais je voulais vraiment être abstinente de tout mon cœur et de toute mon âme. Alors Dieu m'a donné d'autres chances. Je suis finalement rentrée en Angleterre, je me suis abandonnée totalement, j'ai trouvé un groupe et, par la grâce de Dieu, je suis abstinente depuis le 28 décembre 1958. Des miracles, encore des miracles !

En 1961, lorsque je suis arrivée aux États-Unis et que j'ai entendu parler des maisons de convalescence et des centres de traitement, j'ai pensé : « Ils n'y arriveront jamais. Tu dois le faire à la dure ; tu dois souffrir à travers ta propre crucifixion personnelle. » Quelle arrogance ! Quelques années plus tard, j'ai été joyeusement, heureusement, une « mère de maison » dans un foyer pour femmes alcooliques en rétablissement, de 1967 à 1969. Certaines de « mes filles » sont encore abstinentes, et je suis toujours leur « tante » bien-aimée.

Vous pensez peut-être que je suis toujours aussi folle dingue, mais je suis si heureuse, si heureuse, si heureuse, tout va si bien, que je suis toujours sur un magnifique nuage rose. C'est vraiment quelque chose, n'est-ce pas ? Me voici, à près de 78 ans, complètement pauvre, confinée à la maison et partiellement handicapée par plusieurs attaques cérébrales. Ma fournaise de sol ne veut pas fonctionner ; mon foyer électrique non plus ; et je suis remplie des joies du printemps, bien qu'il y ait de la neige sur les montagnes de Sandia. Le secret, c'est que je commence ma journée, tous les jours, par « Bonjour, mon Dieu.

Merci pour cette merveilleuse nuit de sommeil ! » Dieu merci pour la couverture chauffante !

Ensuite, je vais à la cuisine, je branche le café, je nourris « toutes les créatures grandes et petites » (cinq chats, autrefois errants, aujourd'hui des compagnons bien-aimés, et deux chiens, également anciens errants et compagnons dévoués). Pendant que je fais ces corvées et que le café se prépare, je regarde par la fenêtre de la cuisine. Encore une fois, je pourrais crier ma louange et ma gratitude à Dieu, pour un ciel bleu étincelant (ils sont gris maintenant, et ça ressemble à de la neige) et pour un petit abricotier, une chose d'une grande beauté, d'une couleur dorée et brillante. Oh, Dieu merci ! Il y a une petite histoire à propos de mon abricotier. Il a cinq ou six ans, et il est sorti d'un noyau que j'ai craché en marchant dans le jardin pour aller étendre ma lessive. Quand j'ai vu cette petite graine, sur le bord du chemin, j'ai pensé : « Eh bien, que Dieu te bénisse ! Peut-être que si je te plante ici, tu grandiras. » Alors je l'ai fait, et elle a germé, et maintenant, j'ai toute cette beauté. J'ai même eu toute une récolte d'abricots cette année !

Je suis bénie, moi aussi, d'un enthousiasme sans fin pour le Mouvement des AA, avec son amour, et avec la joie d'être sobre et vivante. Lors d'une réunion, je donne mon nom complet, je dis que je suis une alcoolique rétablie, je donne ma date d'abstinence et je dis aux gens : « Si je peux le faire, n'importe qui peut le faire ! Mais vous devez pratiquer les principes, suivre les Étapes, trouver un parrain, et surtout, être actif. »

Je suis ravie, lorsque je rentre dans mon groupe, d'entendre certains de mes proches dire : « Voici la vieille volonté déchaînée ». Ou bien on m'accueille d'un « Voici notre vieille peau maligne. » J'adore ça, ils m'aiment, et tout va bien. Au moins, cela me donne une façon sûre de pratiquer mon humilité. C'est très différent de ce qu'on appelait « cette folle à lier ivre », comme je l'étais autrefois, n'est-ce pas ? Comme il est bon d'être libre d'arrogance, de sarcasme, de mensonge et de tricherie, d'être totalement honnête avec moi-même et mon prochain.

Un autre petit truc qui me rend heureuse et abstinente, c'est ceci : si je suis inquiète ou anxieuse à propos de quelque chose, j'écris une petite lettre à Dieu et je lui en parle. Parfois, on me demande : « Ne vous sentez-vous pas délaissée, vivant seule ? » Oh, ils ne peuvent pas connaître la joie de la solitude, quand je peux communier avec mon Dieu tel que je le comprends.

L.P.
Albuquerque, Nouveau-Mexique

Réunions, réunions et encore des réunions
Mars 1995

JE SUIS ABSTINENT depuis 25 ans. Dans les mathématiques particulières des Alcooliques anonymes, 25 fois 365 est égal à un. Nous partageons tous la camaraderie d'avoir été abstinent ce jour-là, qui est le seul jour que nous ayons vraiment. Mais comme un ami me l'a rappelé il y a quelques jours, « Ouais, c'est un jour à la fois – d'affilée ! ».

L'abstinence m'a apporté d'innombrables bénédictions, toutes sous forme de personnes. Il y a d'abord la relation continue avec Lynn, mon épouse depuis 30 ans. Trente ans de mariage et toujours ensemble. Nous nous permettons l'un l'autre de vivre des émotions qu'autrement on tenterait d'éviter. J'ai aussi eu le privilège de voir mes enfants grandir et devenir de grands êtres humains qui m'aiment, et de voir la naissance de petits-enfants qui m'aiment aussi.

Pourquoi est-ce que je continue à venir aux AA après toutes ces années ? L'une des raisons est que je ris ici plus qu'ailleurs. Ce rire est difficile à expliquer, n'est-ce pas ? Nous nous racontons des histoires tragiques et voyons dans nos propres histoires l'absurdité de nos actions, et nous rions ensemble. Je pense que c'est en partie le soulagement qui nous permet de rire, et puis il y a la confiance – le rire vient de la connaissance du fait que quelqu'un d'autre comprend vraiment la folie qu'il y a dans l'alcoolisme. Je pense aussi que nous rions parce que nous sommes heureux d'être en vie parmi une foule de gens tout aussi heureux d'être en vie. C'est un rire céleste.

Je viens aussi aux AA pour le choc de la reconnaissance de soi. Quand j'entends vos histoires, je me vois moi-même. Quand je peux me voir, je sais que j'ai besoin d'être guéri, rétabli, reconstruit et relevé. Je viens pour l'antidote à ma propre marque particulière d'arrogance, d'égoïsme et d'orgueil. Cet antidote n'est pas un vaccin mais un médicament dont j'ai besoin pour survivre à ces poisons qui vivent en moi. J'obtiens ce médicament aux réunions. Et vous m'encouragez. On me rend courageux – c'est ce que « encourager » veut dire, après tout – pour que je puisse risquer de petites expériences et devenir meilleur.

En d'autres termes, je viens apprendre à être humain. Les Douze Étapes sont une éducation permanente sur ce que signifie être humain. Ce n'est pas pour rien qu'on les appelle des étapes : par petits incréments d'amélioration qui s'additionnent au fil des ans, j'apprends à marcher sur le chemin de la vie avec vous. J'apprends qu'être humain, c'est être une créature, que les créatures ont un Créateur ; j'apprends qu'être humain, c'est découvrir le pouvoir dans l'impuissance, explorer le sens de l'abandon ; j'apprends à me regarder en face sans peur, même avec plaisir ; j'apprends à confier mes échecs et mes succès, à être croyant et vulnérable, à vivre dans cette journée, car les échecs et les succès du jour suffisent pour les êtres humains. J'apprends à approfondir ma relation avec Dieu et à transmettre le message aux autres alcooliques.

Et je viens pour l'amitié et l'affection - non seulement pour les sentiments amicaux et affectueux des autres envers moi, bien que je les chérisse, mais aussi pour l'inspiration que vous me donnez de me sentir amical et affectueux envers vous. C'est ce qui est plus difficile pour moi : m'investir dans les autres.

C'est une caractéristique de tous les humains, et pas seulement des ivrognes, d'être en route soit pour le meilleur soit pour le pire. Il n'y a rien de tel que de rester immobile. Ou je m'améliore, ou j'empire. Je ne peux pas me contenter d'un peu de méchanceté, parce qu'elle va progresser. Je deviendrai un peu plus mauvais à mesure que je vieillis, et un peu plus, et plus, jusqu'à ce qu'au moment où je serai vieux, je serai devenu tout ce à quoi je ne me suis livré qu'à 40 ans, mais savouré à 50 ans, et je serai consommé à 60. Me permettre de t'aimer, m'admettre à moi-même que tu me manquerais si tu mourais – ce sont des moyens de poursuivre ma croissance sans lesquels il m'arrive quelque chose de bien pire que la mort : je deviens ce que je déteste en moi. Un petit menteur devient Le Menteur. Un petit voleur devient Le Voleur. Un petit sadique devient Le Marquis. Un petit pleurnicheur devient Le Pleurnicheur. Tu me protèges de mon moi méchant et projettes l'image de mon bon moi pour que je puisse continuer à m'efforcer de l'atteindre. Pour cela, je te suis redevable. Pour cela, je t'aime, et tu me manqueras si tu meurs.

Donc, en résumé, voilà les raisons pour lesquelles je continue à venir aux réunions :

Je viens pour la sobriété.

Je viens pour continuer à exprimer ma gratitude et contrôler mon habitude de tout prendre pour acquis.

Je viens parce que c'est ici que je ris plus qu'ailleurs.

Je viens pour le choc de la reconnaissance de moi-même.

Je viens pour l'antidote à l'orgueil.

Je viens apprendre à être humain.

Je viens apprendre à aimer.

Ce qui me fait venir aux réunions après vingt-cinq ans est certainement une nécessité, mais la nécessité n'a jamais rien fait pour moi comme force motrice. C'est le plaisir qui m'a toujours motivé, et c'est toujours l'essentiel : je viens pour le plaisir, le pur plaisir.

Anonyme
Irasburg, Vermont

Une joie pratique
Février 1997

RÉCEMMENT, LE TRAVAIL acharné auquel ma femme et moi nous sommes consacrés a été récompensé par une sécurité matérielle modeste : une nouvelle maison, une nouvelle voiture, de l'argent pour acheter des cadeaux de Noël et maintenir une réserve prudente, et de nouvelles perspectives pour le travail créatif. Bien que nous travaillions pour ces choses depuis plusieurs années, elles sont apparues assez soudainement au cours du dernier mois. Nos plans de maison se sont particulièrement bien réalisés. J'aime donc dire aux amis des AA que j'ai passé du temps à prier au sujet de cette situation et que ce que nous avons obtenu n'est pas du tout ce dont j'ai rêvé et planifié – c'est bien mieux.

Les gens du Mouvement s'illuminent lorsque vous partagez de bonnes nouvelles avec eux. Nous avons tous connu tant d'amertume, de perte et de chagrin lorsque nous buvions que toute affirmation de vie qui se termine bien dans la sobriété donne à notre système nerveux un frisson d'espoir.

Cependant, j'ai un mouvement de recul aux réunions des AA quand j'entends des gens prétendre que leur modeste ou grande chance est le résultat de la prière : « Quand ma voiture est tombée en panne, j'ai prié pour que la volonté de Dieu soit faite. Et le lendemain, mon oncle Bill m'a appelé et m'a offert sa vieille voiture gratuitement. » Lors des réunions, j'entends encore et encore différentes versions décrivant ainsi les résultats de la prière dans la vie des gens, comme si c'était la preuve que Dieu nous donne ce dont nous avons besoin.

J'ai envie de répondre en hurlant : « Dieu n'est pas le Père Noël ! » La prière et la méditation ne sont pas des formulaires d'application au programme social du cosmos. Les Promesses ne disent rien sur la récupération des choses que nous avons perdues en buvant. Je le sais, parce que j'ai tout perdu : biens, argent, affaires – tout. En fait, ma valeur nette, au cours de ma sobriété, n'a jamais égalé ce qu'elle était à l'époque où je buvais.

Ma réaction est un signal indiquant que j'ai besoin de faire un inventaire, bien sûr. L'arrogance intellectuelle qui a fait de moi un ivrogne qui sait tout n'a pas miraculeusement disparu dans l'abstinence, malgré une prière fervente pour qu'on me la retire. Mais je crois toujours que, comme l'insistent nos Troisième et Onzième Étapes, la prière et la méditation sont intensément pratiques. Comme l'affirment ces Étapes, j'ai été convaincu de l'efficacité de la prière par les résultats que j'ai vus dans ma vie. Mais des années se sont écoulées avant que je ne commence à regagner certaines des choses matérielles que j'avais perdues à cause de l'alcoolisme.

J'étais abstinent depuis deux ans avant de pouvoir reconnaître comment la prière avait fonctionné dans ma vie depuis le début. Quand je suis arrivé aux AA, je n'avais aucune puissance supérieure et aucune idée de la raison pour laquelle j'en avais besoin. Ce que j'avais, c'était une obsession débordante de boire que je ne pouvais plus contrôler. Mon parrain m'a dit que cela m'aiderait si je priais pour que l'obsession soit enlevée. Alors, sans avoir foi en ce que je faisais, j'ai prié. J'ai aussi fait beaucoup d'autres choses que mon parrain m'a suggérées. Uniquement parce que je voulais que l'envie folle de boire s'en aille. Mon obsession mentale avec l'alcool a été une bataille quotidienne pendant presque deux ans.

Ce que j'ai pu voir lorsque l'obsession a finalement diminué, c'est que, malgré avoir passé une vie à m'entêter à tout faire seul, j'avais la volonté de demander de l'aide et de suivre les suggestions de quelqu'un d'autre. C'était nouveau. J'ai prié tous les jours pour obtenir de l'aide avec cette obsession, et la volonté de suivre des directives m'a été donnée – quelque chose que je n'avais jamais eu auparavant.

J'ai vu aussi qu'on m'avait donné de la persévérance et de l'endurance. Quand cela n'a pas donné des résultats instantanés, au lieu de changer de voie comme je l'avais fait presque tout le reste de ma vie, j'ai continué à travailler les Étapes un jour à la fois. J'avais toujours travaillé dur, mais j'étais rarement resté très longtemps sur une seule chose. C'était nouveau pour moi aussi.

J'ai commencé à avoir une confiance sincère dans mes amis et parrains des AA. Je n'avais jamais fait confiance à personne, et pour cause : je pensais que tout le monde était au moins aussi indigne de confiance que moi ! Mais on m'a donné l'acceptation de soi. J'en suis venu à voir que, comme tout le monde, j'ai fait des erreurs, et que ce n'était pas une raison pour ne pas aimer, éviter ou manipuler les gens. J'en suis venu à compter sur le fait que d'autres personnes pouvaient et allaient m'aider. Et j'ai vu et j'ai fait confiance aux bonnes intentions des autres. Lorsque j'ai commencé à mener mes affaires au travail sur cette base, j'ai à nouveau eu du succès.

Et même pendant les années d'abstinence où mes finances se situaient sous le seuil de pauvreté, j'ai appris à être reconnaissant pour la vie simple et les amis et les espoirs que j'avais. Après tout, je revenais d'un monde où je n'avais que le chaos et l'imminente ruine de l'alcoolisme actif. J'ai donc appris la place de la gratitude : l'importance de reconnaître que les dons dans ma vie n'étaient pas de ma propre fabrication. J'ai travaillé, mais les résultats dépendaient de Dieu.

Au-delà des Douze Étapes, je n'ai jamais compris quelle est la volonté de Dieu pour moi. Je vois que ma Puissance supérieure ne m'a pas donné les choses matérielles dont j'ai pensé que j'avais besoin et que je voulais et méritais dans la vie. Ma Puissance supérieure m'a donné les outils émotifs et spirituels dont j'avais besoin pour acquérir ces choses, et m'a également donné le choix : je pouvais ou non utiliser ces outils.

Tout cela est dans les Étapes. Et c'est beaucoup plus que ce que j'avais quand je buvais, même si, sur le plan financier, je possédais plus que maintenant. Si on ne m'avait pas donné la volonté de suivre les instructions d'un parrain au début et de prier simplement parce qu'il pensait que c'était une bonne idée, je n'aurais toujours aucune idée de la façon d'utiliser le reste de ma trousse à outils. J'aurais peut-être acquis la maison, la voiture et la compagne affectueuse que j'ai aujourd'hui. Mais vu l'attitude que j'avais quand je buvais, ces cadeaux n'auraient pu qu'inspirer un sentiment de vide.

J'ai encore des moments comme ça. J'ai encore de jolies choses, et alors ? Je me sens encore vide et perdu. Qu'est-ce que c'est donc ? Une ivresse mentale.

Le cadeau, aujourd'hui, c'est que j'ai une réponse immédiate à cette attitude. Je l'obtiens chaque fois que j'appelle un ami des AA, que je lis des publications des AA, que je parle à un nouvel arrivant AA, que je fais du service AA ou que je prie. Le but est de le transmettre.

J'ai donc maintenant les moyens et la joie de transmettre le message. Et ce que je vois rétrospectivement, c'est que j'ai les moyens depuis mon premier jour de sobriété chez les AA, même lorsque je vivais de bons d'alimentation et que j'ai dû emprunter de l'argent pendant ma septième année d'abstinence. La joie était toujours disponible aussi. Mais je n'en savais pas assez pour prier pour ça. J'ai dû rester sobre plus longtemps avant de comprendre l'aspect pratique de la joie. Pas la joie de posséder. La joie de vivre. Pour moi, c'est la Grande Réalité des Alcooliques anonymes.

Ernest S.
York Harbor, Maine

Savourer notre sobriété
Août 1982

IL ÉTAIT NATUREL POUR nous de débuter notre voyage de sobriété heureuse dans les Alcooliques anonymes en anticipant la difficulté d'essayer de vivre dans le présent, un jour à la fois. Après tout, nous avions passé des années à regretter profondément le passé douloureux et à pleurer sur un avenir sombre.

Nous avons la chance que tant d'attention soit dirigée pendant les réunions des AA sur l'importance de faire de la vie une affaire d'aujourd'hui – pas celle d'hier ni celle de demain. Si nous oublions que la croissance se fait pas à pas, nous sommes condamnés à nous empêtrer dans la confusion.

Je suis venu aux AA en tant qu'agnostique. En quoi, à part la bouteille, fallait-il que je croie en buvant ? J'ai commencé à développer ma compréhension d'une Puissance supérieure en entendant que Dieu n'a de temps que pour chaque jour comme il vient.

Si Dieu n'existe pas hier ou demain, alors nous pouvons être en paix avec notre conception de Dieu seulement dans le présent. Si nous choisissons de rétrograder dans le passé ou de projeter dans l'avenir, nous serons avec dans notre pensée, puisque Dieu ne se trouve pas en ces lieux. Et la solitude de la pensée sombre n'est que trop familière aux alcooliques.

Vivre dans le présent nous libère à la fois de la culpabilité et de la peur. La culpabilité ne peut se matérialiser qu'à partir d'un passé errant et la peur provient de l'avenir incertain. Les ressentiments ne se développent qu'à partir de ce qui a déjà été ressenti et la peur provient de l'appréhension des expériences auxquelles il faut encore faire face.

Si nous voulons trouver la croissance spirituelle et la sérénité, nous devons habiller nos esprits chaque matin aussi soigneusement que nous habillons nos corps. C'est alors seulement qu'aujourd'hui peut devenir le glorieux demain que nous attendions avec impatience hier.

Parce que chacun d'entre nous, à tout moment, est la somme totale de tous les choix qu'il ou elle n'ait jamais fait, il n'est pas du tout irrationnel de s'attendre à ce que chaque jour soit le meilleur jour que nous ayons vécu jusqu'à présent. Sûrement, à l'avenir, nous ne serons plus jamais aussi désemparés que nous l'avons été lorsque nous buvions – tant que nous restons abstinents.

Chaque jour, à un moment donné, nous, les alcooliques en rétablissement, devons nous rendre une visite amicale. Lentement, à notre propre rythme, nous apprendrons à nous connaître nous-mêmes. Certains membres des AA vont jusqu'à affirmer qu'une journée non examinée peut difficilement valoir la peine d'être vécue (pour paraphraser Platon).

La sobriété d'aujourd'hui ne peut être consommée comme de l'alcool. Il faut la siroter, une lampée à la fois, pour que chaque goutte de sérénité puisse être pleinement savourée. Il est bon de se rappeler que rien ne peut remplacer la persévérance comme outil de sobriété – ni le talent, ni le génie, ni l'éducation.

Lorsque nous, alcooliques, nous concentrons sur le fait de ne vivre qu'un jour à la fois, nous constatons que le meilleur cadeau de chaque jour est une meilleure compréhension des valeurs. Les choses qui comptent cessent d'être celles qui peuvent être tenues dans la main et deviennent celles que l'on tient avec le coeur. Par conséquent, aucun de nos vrais cadeaux ne peut nous être volé. Nous ne pouvons les perdre que par notre propre négligence et notre complaisance.

C'est un travail difficile pour la plupart d'entre nous d'éviter la procrastination. Bien sûr, la procrastination n'a pas sa place dans la vie d'un jour à la fois. Il nous faut éviter d'utiliser le mot « devrait ». Dans notre croissance AA. C'est un mot qui repousse au lendemain, un mot indéfini qui n'accomplit rien. Il invite à la rationalisation. Il est préférable d'y substituer le mot « ferai ». « Je ferai... » plutôt que « Je devrais faire... »

Notre programme nous assure que toutes les réponses à nos problèmes quotidiens se trouvent dans le fait de vivre dans le présent. Les solutions qui s'appliquaient aux malheurs d'hier pourraient être dépassées aujourd'hui. Se tourner vers l'avenir pour trouver des réponses, c'est prendre ses désirs pour des réalités.

Peut-être que toutes les leçons que nous apprenons aujourd'hui au sein des AA peuvent être résumées dans ce bon mot qu'on entend souvent : un alcoolique sobre qui a un œil sur hier et l'autre sur demain est susceptible de loucher aujourd'hui.

C.C.
North Hollywood, Californie

Savourer la sobriété
Août 1997

PENDANT MES JOURNÉES de beuverie, ma vie était en chute libre. Je ne réfléchissais pas avant d'agir, je n'acceptais aucune responsabilité, je ne me présentais pas où je devais être, je me comportais mal moralement, j'étais indécente. Pour rationaliser ce comportement, je disais aux autres (et à moi-même), que j'avais un esprit libre et hédoniste. Je pensais vraiment que j'étais une chercheuse de plaisir, alors qu'en fait, je cherchais simplement une gratification pour ma dépendance à l'alcool. Je ne voyais pas que mes comportements « libres » – mon égoïsme, l'insouciance de ma vie amoureuse, mon manque d'engagement, l'incontrôlabilité sauvage de ma vie – n'étaient pas des choix, mais directement issus de mon alcoolisme et de mon désir d'échapper à la réalité. Je devais me voir comme une hédoniste parce que je ne pouvais pas revendiquer des réalisations plus solides ; il n'y avait en fait que très peu de plaisir ou de contentement dans ma vie. Comment pouvait-il y en avoir alors que je n'avais aucune tranquillité d'esprit ?

Plusieurs semaines après avoir participé à ma première réunion des AA – une réunion de débutants le lundi soir à New York – j'ai lu mon premier exemplaire du Grapevine. J'avais déjà commencé à lire le Gros Livre, les « Douze et Douze » et Vivre... sans alcool. J'ai regardé la couverture de ce Grapevine d'août 1982, et j'ai vu ce court titre : « Savourer notre sobriété. » Je n'aurais jamais pensé savourer autre chose que du bourbon, et voici que ce merveilleux petit magazine, dont je n'avais jamais entendu parler auparavant, disait : « Oui, la sobriété peut se savourer ». Et Grapevine avait raison.

Qu'est-ce que cela signifie pour moi de savourer une vie sobre ? Le plus important est que je suis dans le moment présent, pas dans le passé, ni dans l'avenir ; cela signifie que je ne passe pas à côté de ma vie si vite que le monde est flou ; cela signifie que j'ai l'esprit tranquille et que je ne m'inquiète pas des choses que je ne peux pas résoudre aujourd'hui ou mener des conversations et des disputes avec des gens qui ne sont pas dans la pièce. Je dois souvent me rappeler de ralentir et de rester dans l'instant présent. Je vis à Manhattan, où le mode d'existence préféré est d'aller le plus vite possible (vous avez sûrement entendu parlé de nos fameuses heures de pointe), et dans la ruée et la hâte, j'oublie parfois de respirer. Hier soir, alors que je descendais Broadway après le travail, j'ai dû m'arrêter pour regarder le ciel du soir et la dernière lumière qui s'estompe sur les grands immeubles, prendre une grande inspiration abdominale, compter mes respirations d'une à dix, et me rappeler que la vie n'allait pas commencer dans le futur : c'était maintenant qu'il fallait me détendre, respirer, regarder autour de moi, être en vie. Ne t'aggripe pas ; ne saisis pas ; ralentis. « Agir aisément », c'est très simple et très utile. Une petite prière ou une affirmation est également utile : « S'il vous plaît, laissez-moi porter le monde comme un vêtement ample. »

Une autre chose que je dois faire pour savourer la sobriété est d'essayer d'accepter d'autres personnes, même celles avec lesquelles je ne suis pas d'accord ou que je n'aime pas, même celui qui partage trop longuement dans mon groupe d'attache ou la personne que j'ai entendue se plaindre un million de fois (n'ai-je pas moi-même testé la patience de mon groupe ?). Je ne peux pas savourer la sobriété quand je suis emprisonnée par la « peur égocentrique ». Je dois passer un coup de fil à un ami, dire bonjour à un nouveau venu, ou m'assoir à côté de quelqu'un lors d'une réunion et me renseigner sur ce qui se passe dans sa vie. Rien de grande envergure, que des choses simples.

Quand je ralentis, je peux prendre plaisir aux nombreuses bonnes choses de ce monde : conversations, livres, musique, faire un repas pour une amie, faire une promenade, regarder un film, prendre une tasse de thé tranquille. Mon mari (qui est aussi membre des AA) est acteur, et j'aime la musique classique, alors nous avons combiné nos intérêts pour apprécier l'opéra et nous avons un abonnement avec une compagnie d'opéra qui est située pas très loin de chez nous. Sept ou huit fois par an, nous nous habillons, nous allons dîner et nous asseoir dans l'un des plus grands opéras du monde, attendant avec bonheur le moment où les lumières de la maison s'éteignent et les chandeliers s'élèvent jusqu'au plafond et où l'orchestre entame l'ouverture. Quel régal! Nous ne manquons jamais de nous amuser ou d'apprécier le fait que nous sommes assis là, sobres; nous ne le prenons pas pour acquis un seul instant. Récemment, nous étions en train de profiter d'un dîner pré-opéra quand j'ai dit à mon mari : « Tu sais, nous ne pourrions pas en profiter autant si nous n'aimions pas aussi prendre un café après les réunions de notre groupe d'attache. » Comment pourrais-je profiter des grandes choses dans ma vie si je n'aimais pas les petites? Ce n'est même pas une question de « grand » et « petit » – tout fait partie d'un continuum. Le maître zen Dogen du 13ème siècle disait qu'un cuisinier doit préparer un simple bouillon d'herbes sauvages avec le même soin qu'il prépare une riche soupe à la crème. Savourer vient de l'attention portée à la tâche à accomplir, quelle qu'elle soit.

Anonyme
NewYork, New York

L'homme que j'ai toujours voulu être
Octobre 1990

EN NOVEMBRE 1977, PENDANT un de mes nombreux séjours « autour » du programme, un membre Al-Anon m'a demandé pourquoi je ne voulais pas travailler les Douze Étapes des AA. En toute sincérité, je lui ai dit : « Je n'ai pas besoin des Étapes pour rester abstinent. La camaraderie des AA est suffisante pour me garder abstinent. » J'ai glissé et glissé dans les réunions, convaincu que j'avais tout compris.

Deux mois plus tard, j'ai pris ce qui s'est avéré être mon dernier verre, bien que je ne le sache pas à l'époque. Peu de temps après, j'ai assisté à une réunion de débutants, pour les personnes ayant moins d'un an d'abstinence, où le sujet était les Douze Étapes des AA. Le président a appelé l'homme assis à côté de moi, et ce qu'il a dit a contribué à changer ma vie.

Ce type était un grandiloquent, odieux, auto-promoteur qui prenait invariablement du temps de réunion pour parler de voitures, d'affaires et de tout, sauf de sobriété. Il avait été « autour » du programme pendant 19 ans. Je le méprisais de tout mon cœur. Imaginez ma surprise, alors, quand il a gonflé sa poitrine, les bras croisés sur un ventre flasque, et a dit : « Je n'ai pas besoin des Étapes pour rester sobre. La camaraderie des AA est suffisante pour me garder abstinent. »

Vous pourriez dire que c'était une expérience qui donne à réfléchir que d'entendre mes paroles venant de cette bouche. Je l'ai regardé et je me suis dit : « Je ne veux pas être comme toi ! » C'était un gars qui était là depuis 19 ans, disant la même chose que j'avais dite deux mois plus tôt ! Je ne voulais vraiment pas être comme lui !

Heureusement, j'avais une option. Un groupe dans notre ville était connu comme étant un groupe très orienté sur les Étapes, ferme, avec beaucoup de sobriété, et c'est là que je suis allé. Je ne crois pas que c'était une décision consciente, mais je savais que ces gens étaient différents de certaines personnes AA que j'avais rencontrées, et je voulais être aussi « différent » que possible sur le plan humain. J'ai assisté aux réunions pendant un certain temps et j'ai finalement trouvé un homme que je voulais comme parrain. Il semblait le contraire de la grande gueule, avec une grâce tranquille et une douceur qui me plaisait. Ce qui m'a vraiment accroché, cependant, ce sont ses fréquentes références au fait qu'il prenait soin d'un neveu qui avait récemment perdu sa mère dans un accident de voiture. Cela m'a touché, alors j'ai trouvé le courage et je lui ai demandé de me parrainer.

Ne laissez jamais personne vous dire que Dieu n'a pas le sens de l'humour. L'homme que j'ai choisi comme parrain était un petit homme d'affaires qui conduisait une énorme Lincoln et qui, pour une raison quelconque, détestait les motards. Je suis un fanatique de longue

date de Harley qui, pour une raison quelconque, détestait les indivi-
dus petits, gros et riches en voiture de luxe. Nous étions donc parfaits
l'un pour l'autre.

La première chose que mon parrain m'a dite est : « Je n'ai pas le
temps de t'aider à rester malade – je suis beaucoup trop occupé pour
ça – mais si tu veux aller mieux, je serai heureux de t'aider ».

Il pensait vraiment ce qu'il disait, mais mon parrain n'était pas un
de ces types casse-tête qui commandent leurs filleuls. C'était tout aussi
bien, car j'étais extrêmement rebelle quand j'ai dessoûlé, et j'aurais pu
m'emparer du fait d'avoir un parrain dominant comme excuse pour
tout jeter par-dessus bord et revenir à l'alcool. Mon parrain m'a plutôt
présenté un ensemble d'outils (les Douze Étapes) et m'a raconté comment il les utilisait dans sa vie. Il ne m'a rien demandé. Il a simplement dit : « Si tu veux ce que nous avons, viens le chercher », et c'est
ce que j'avais besoin d'entendre.

Grâce à mon parrain et à d'autres membres, j'ai appris que ce programme offre beaucoup plus qu'un simple temps d'abstinence. Ils ne
m'ont pas seulement parlé de ce que je connais maintenant sous le
nom de Promesses, mais ils les ont véritablement vécues. Ils m'ont expliqué que les Promesses étaient le résultat final du travail des Étapes
au meilleur de mes capacités, et que la vie dans les AA a pris une toute
nouvelle définition par rapport à l'existence misérable que j'avais con-
nue dans la rue.

Mes amis n'ont pas menti. J'ai fait plus, j'ai accompli plus, j'ai appris
davantage et je suis allé plus loin au cours des 13 dernières années que
toutes les autres années de ma vie réunies. L'un de mes mots préférés,
quand je suis arrivé chez les AA, était liberté, mais mon concept de
liberté était limité. Je pensais que cela signifiait faire ce qui me plaisait, quand je le voulais, sans égard aux conséquences. Maintenant,
je suis vraiment libre : marcher à travers n'importe quelle journée
ou situation donnée sans reculer dans la peur, exploser dans la rage,
me saouler, ou m'autodétruire ; aimer, rire, connaître et apprécier les
joies simples qui viennent avec le fait d'être vivant ; faire partie d'une
société où je peux servir un but inestimable ; reconnaître et utiliser

mes propres talents et capacités, comme écrivain, travailleur, mari, beau-père et membre participant dans le Mouvement des Alcooliques anonymes. Je suis libre d'être l'homme que j'ai toujours voulu être, mais que je n'ai jamais eu le courage de devenir.

Dans ce que je considère comme une représentation première de la magie des AA. Ils se situent aux deux antipodes du spectre de la sobriété. À la dérive entre les deux pôles, j'ai eu la chance d'avoir un choix clair et j'en suis très reconnaissant. J'avais besoin de quelque chose de noir et blanc pour pénétrer le mur d'excuses que j'avais construit autour de moi. Je sais maintenant, et ma vie de sobriété m'a prouvé que j'ai fait le bon choix.

Je suis également heureux d'annoncer que mon parrain a surmonté sa haine pour les motocyclistes, alors que j'ai quelque peu adouci mon dégoût pour les gens petits, gros et riches. Et la grande gueule? Peut-être qu'il a trouvé ses propres exemples, parce qu'au dernier décompte, il avait plusieurs années de sobriété continue, et qu'il poursuivait encore.

Wm. J.
Temple, Texas

Une brindille dans la cour
Juillet 2001

Bill M., nous a envoyé la note suivante, accompagnée d'une lettre de son fils, qui purge une peine de prison à Kernersville, en Caroline du Nord.

« C'EST UNE HISTOIRE sur la gratitude – la gratitude dans un cadre improbable. Mon fils est à mi-chemin d'une longue peine de prison, dont le début a marqué un bas-fond dans sa vie et le début de son rétablissement de l'alcoolisme. Il est maintenant un conseiller dans le cadre d'un programme géré par l'État qui s'efforce de rendre la sobriété disponible en milieu carcéral. Sa croissance et son travail de Douzième Étape m'étonnent constamment. Une lettre récente était si frappante que je lui ai demandé la permission de la partager avec vous et vos lecteurs. Tout a commencé par la nouvelle qu'il avait enfin pu voir un dentiste – ce qui n'est pas une mince affaire lorsqu'il faut le transporter sur une centaine de kilomètres jusqu'à une prison qui dispose de telles ressources. »

Cher papa,

Hier à quatre heures du matin, j'ai été réveillé pour être emmené chez le dentiste. C'était la première fois en un an que j'allais à l'extérieur pour faire un tour, donc j'étais vraiment content. Bien sûr, je devais être menotté à une chaîne à la taille, puis enchaîné avant de pouvoir monter dans la camionnette. La camionnette était toute neuve : l'odeur était délicieuse et le siège était si confortable. Je devais avoir l'air d'un chien en promenade en voiture, regardant avec empressement d'un côté à l'autre. C'était incroyable d'être en mouvement – et dans un tel confort.

Quand nous sommes arrivés à l'établissement, ils ont enlevé mes chaînes et m'ont laissé faire le tour de la cour de la prison. J'ai touché un arbre pour la première fois en plus de trois ans ! C'était un chêne, et je sentais si bien l'écorce bien sous ma main. À travers les branches et les feuilles, j'ai regardé le soleil qui brillait. Le sol était jonché de petites brindilles et de vrais glands qui craquaient sous mes pieds. Le tronc, qui devait faire deux ou trois mètres de circonférence, était couvert de mousse et de lichens. Je n'avais jamais vu un aussi beau spectacle.

Comme si cela ne suffisait pas, un chat blanc s'est soudain frotté contre ma jambe et m'a donné la permission de le caresser pendant qu'il buvait à un abreuvoir. J'ai été abasourdi par toute cette sensation. La sensation de l'écorce et de la fourrure du chat, la vue de l'espace ouvert et des feuilles vertes – tout cela pour un homme qui n'en avait pas eue depuis des années – étaient pour moi ce que l'ascension de l'Everest doit être pour un homme libre. Puis ça s'est terminé. Nous sommes partis après ma visite chez le dentiste, mais je garderai toujours ce jour en moi comme un symbole de la grâce de Dieu et comme un rappel d'avoir de la gratitude pour les petites choses mondaines de la vie quotidienne.

Une brindille dans la cour – quelle joie ! Je suis si content de t'avoir pour le partager. Je ne pense pas que quelqu'un d'autre comprendrait.

Ton fils

Les Douze Étapes des Alcooliques Anonymes

1. Nous avons admis que nous étions impuissants devant l'alcool – que nous avions perdu la maîtrise de notre vie.

2. Nous en sommes venus à croire qu'une Puissance supérieure à nous-mêmes pouvait nous rendre la raison.

3. Nous avons décidé de confier notre volonté et notre vie aux soins de Dieu tel que nous Le concevions.

4. Nous avons procédé sans crainte à un inventaire moral approfondi de nous-mêmes.

5. Nous avons avoué à Dieu, à nous-mêmes, et à un autre être humain la nature exacte de nos torts.

6. Nous étions tout à fait prêts à ce que Dieu élimine tous ces défauts.

7. Nous lui avons humblement demandé de faire disparaître nos défauts.

8. Nous avons dressé une liste de toutes les personnes que nous avions lésées et nous avons consenti à réparer nos torts envers chacune d'elles.

9. Nous avons réparé nos torts directement envers ces personnes dans la mesure du possible, sauf lorsqu'en ce faisant, nous risquions de leur nuire ou de nuire à d'autres.

10. Nous avons poursuivi notre inventaire personnel et promptement admis nos torts dès que nous nous en sommes aperçus.

11. Nous avons cherché, par la prière et la méditation, à améliorer notre contact conscient avec Dieu, tel que nous Le concevions, Lui deman-dant seulement de connaître Sa volonté à notre égard et de nous donner la force de l'exécuter.

12. Ayant connu un réveil spirituel comme résultat de ces étapes, nous avons alors essayé de transmettre ce message à d'autres alcooliques et de mettre en pratique ces principes dans tous les domaines de notre vie.

Copyright © AA World Services, Inc. Reproduit avec permission.

Les Douze Traditions des Alcooliques Anonymes

1. Notre bien-être commun devrait venir en premier lieu; le rétablissement personnel dépend de l'unité des AA.

2. Dans la poursuite de notre objectif commun, il n'existe qu'une seule autorité ultime : un Dieu d'amour tel qu'il peut se manifester dans notre conscience de groupe. Nos chefs ne sont que des serviteurs de confiance, ils ne gouvernent pas.

3. Le désir d'arrêter de boire est la seule condition pour être membre des AA.

4. Chaque groupe devrait être autonome, sauf sur les points qui touchent d'autres groupes ou l'ensemble du Mouvement.

5. Chaque groupe n'a qu'un objectif primordial : transmettre son message à l'alcoolique qui souffre encore.

6. Un groupe ne devrait jamais endosser ou financer d'autres organismes, qu'ils soient apparentés ou étrangers aux AA, ni leur prêter le nom des Alcooliques Anonymes, de peur que les soucis d'argent, de propriété ou de prestige ne nous distraient de notre objectif premier.

7. Tous les groupes devraient subvenir entièrement à leurs besoins et refuser les contributions de l'extérieur.

8. Le mouvement des Alcooliques Anonymes devrait toujours demeurer non professionnel, mais nos centres de service peuvent engager des employés qualifiés.

9. Comme mouvement, les Alcooliques Anonymes ne devraient jamais avoir de structure formelle, mais nous pouvons constituer des conseils ou des comités de service directement responsables envers ceux qu'ils servent.

10. Le mouvement des Alcooliques Anonymes n'exprime aucune opinion sur des sujets étrangers; le nom des AA ne devrait donc jamais être mêlé à des controverses publiques.

11. La politique de nos relations publiques est basée sur l'attrait plutôt que sur la réclame; nous devons toujours garder l'anonymat personnel dans la presse écrite et parlée de même qu'au cinéma.

12. L'anonymat est la base spirituelle de toutes nos traditions et nous rappelle sans cesse de placer les principes au-dessus des personnalités.

Alcooliques anonymes

LE PROGRAMME DE RÉTABLISSEMENT DES AA EST pleinement énoncé dans son texte de base, Les Alcooliques anonymes (communément appelé le Gros Livre), maintenant dans sa quatrième édition, ainsi que dans Les Douze Étapes et les Douze Traditions et d'autres livres. On peut également trouver des informations sur les AA sur le site Web des AA à l'adresse WWW.AA.ORG, ou en écrivant à l'adresse suivante : Alcoholics Anonymous, Box 459, Grand Central Station, New York, NY 10163. Pour des ressources locales, consultez votre annuaire téléphonique local sous la rubrique "Alcooliques anonymes".

AA Grapevine

LE GRAPEVINE EST la revue mensuelle internationale des AA, publiée sans interruption depuis son premier numéro en juin 1944. La brochure des AA sur le Grapevine décrit ainsi sa portée et son but : « En tant que partie intégrante des Alcooliques anonymes depuis plus de soixante ans, le Grapevine publie des articles qui reflètent toute la diversité d'expérience et de pensée au sein du Mouvement des AA. Aucun point de vue de la philosophie ne domine ses pages, et la rédaction s'appuie sur les principes des Douze Traditions pour déterminer de son contenu. »

En plus d'un magazine mensuel, le Grapevine produit également des anthologies, des audiocassettes et des CD audio basés sur des articles publiés, un calendrier mural annuel et un planificateur de poche. Toute la collection d'articles du Grapevine est disponible en ligne dans ses archives numériques. AA Grapevine publie également La Viña, le magazine de langue espagnole des AA.

Pour obtenir de plus amples renseignements sur le Grapevine ou pour vous abonner, veuillez consulter le site Web du magazine à l'adresse WWW .AAGRAPEVINE.ORG ou écrire à l'adresse suivante :

AA Grapevine, Inc.
475, Riverside Drive
New York, NY 10115

Vous pouvez aussi appeler :
Anglais   1-800-631-6025 (US)
              1-800-734-5856 (International)
Espagnol   1-800-640-8781(US)
              1-800-734-5857 (International)
Courriel : gvcirculation@aagrapevine.org